Siegbert Riecker

Der verheißene Retter

Jesus durch das Alte Testament kennenlernen

BRUNNEN
Verlag GmbH · Giessen

Konzeption und Text: Siegbert Riecker
Lektorat: Renate Hübsch

5. Auflage 2024

Umschlagfoto: Shutterstock
Umschlaggestaltung: Jonathan Maul
Satz: Die Feder GmbH, Wetzlar
Herstellung: Arkadruk
ISBN 978-3-7655-0799-1

www.brunnen-verlag.de

Inhalt

Verzeichnis der Abkürzungen

Altes Testament

1 Mo	Das erste Buch Mose
2 Mo	Das zweite Buch Mose
3 Mo	Das dritte Buch Mose
4 Mo	Das vierte Buch Mose
5 Mo	Das fünfte Buch Mose
Jos	Das Buch Josua
Ri	Das Buch über die Richter
Ruth	Das Buch Ruth
1 Sam	Das erste Buch Samuel
2 Sam	Das zweite Buch Samuel
1 Kön	Das erste Buch über die Könige
2 Kön	Das zweite Buch über die Könige
1 Chr	Das erste Buch der Chronik
2 Chr	Das zweite Buch der Chronik
Esra	Das Buch Esra
Neh	Das Buch Nehemia
Est	Das Buch Esther
Hiob	Das Buch Hiob
Ps	Die Psalmen
Spr	Die Sammlung der Sprüche
Pred	Der Prediger Salomo
Hld	Das Hohelied
Jes	Der Prophet Jesaja
Jer	Der Prophet Jeremia
Klgl	Die Klagelieder des Jeremia
Hes	Der Prophet Hesekiel
Dan	Der Prophet Daniel
Hos	Der Prophet Hosea
Joel	Der Prophet Joel
Am	Der Prophet Amos
Ob	Der Prophet Obadja
Jona	Der Prophet Jona
Mi	Der Prophet Micha
Nah	Der Prophet Nahum
Hab	Der Prophet Habakuk
Zef	Der Prophet Zefanja
Hag	Der Prophet Haggai
Sach	Der Prophet Sacharja
Mal	Der Prophet Maleachi

Neues Testament

Mt	Das Evangelium nach Matthäus
Mk	Das Evangelium nach Markus
Lk	Das Evangelium nach Lukas
Joh	Das Evangelium nach Johannes
Apg	Die Apostelgeschichte
Röm	Der Brief des Paulus an die Christen in Rom
1 Kor	Der erste Brief des Paulus an die Christen in Korinth
2 Kor	Der zweite Brief des Paulus an die Christen in Korinth
Gal	Der Brief des Paulus an die Christen in Galatien
Eph	Der Brief des Paulus an die Christen in Ephesus
Phil	Der Brief des Paulus an die Christen in Philippi
Kol	Der Brief des Paulus an die Christen in Kolossä
1 Thess	Der erste Brief des Paulus an die Christen in Thessalonich
2 Thess	Der zweite Brief des Paulus an die Christen in Thessalonich
1 Tim	Der erste Brief des Paulus an Timotheus
2 Tim	Der zweite Brief des Paulus an Timotheus
Tit	Der Brief des Paulus an Titus
Phlm	Der Brief des Paulus an Philemon
Hebr	Der Brief an die Hebräer
Jak	Der Brief des Jakobus
1 Petr	Der erste Brief des Petrus
2 Petr	Der zweite Brief des Petrus
1 Joh	Der erste Brief des Johannes
2 Joh	Der zweite Brief des Johannes
3 Joh	Der dritte Brief des Johannes
Jud	Der Brief des Judas
Offb	Die Offenbarung des Johannes

Fragen zu diesem Kurs

Zielsetzung

1. **Worum geht es in diesem Kurs?** Um drei Ziele, die alle wichtig sind:

a. **Nahrung für die Seele.** – „Der Mensch lebt nicht vom Brot allein, sondern von dem Wort, das Gott spricht." In seinem Wort stellt Gott sich uns vor. Hier können wir ihn kennenlernen. Wer mehr über Gott und den christlichen Glauben erfahren will, muss sich mit der Bibel beschäftigen. Wer als Christ im Glauben wachsen will, muss sich aus dem Wort Gottes „ernähren".
b. **Gemeinschaft.** – Im Gespräch über Glaubensfragen und Lebenserfahrungen kommen wir einander näher und können zu einer Gemeinschaft zusammenwachsen, in der man sich im Alltag und im Glauben gegenseitig trägt und unterstützt.
c. **Wachstum.** – Dieser Kurs wendet sich auch an Menschen, die bisher mit dem christlichen Glauben noch wenig in Berührung gekommen sind. Wenn Sie immer wieder andere zu Ihren Treffen einladen, kann die Gruppe wachsen, bis eine Teilung nötig wird. Beide neuen Kreise sollen ebenso wachsen, bis sie zu groß sind und sich teilen – und so weiter.

Teilnehmer

2. **Für wen soll dieser Gesprächskreis sein?**
• Für Menschen, die Fragen an das Leben haben und wissen möchten, ob der christliche Glaube ihnen weiterhelfen kann.
• Für Menschen, die sich – neu oder wieder – intensiver mit dem christlichen Glauben beschäftigen wollen.
• Für Menschen, denen Kirche und Glauben fremd geworden sind, die aber nach einem neuen Zugang zum Glauben suchen.
• Für Christen, die die Bibel besser kennenlernen und tiefer verstehen wollen.
• Für Menschen, die im Gespräch über Glaubensfragen und im Gebet füreinander in ihrem Glauben wachsen möchten.
• Für Menschen, die mit Schwierigkeiten und Problemen zu kämpfen haben und eine Gruppe suchen, die Unterstützung und Zusammenhalt bieten kann.

Der erste Schritt

3. **Wie sollen wir anfangen?** Machen Sie sich eine Liste mit den Namen, die Ihnen jetzt als mögliche Teilnehmer einfallen. Hängen Sie die Liste an einen Platz, an dem Ihr Blick immer wieder einmal darauffällt. Lassen Sie sie dort, bis Sie alle, die Sie auf Ihrer Liste notiert haben, gefragt haben, ob sie Interesse an einem solchen Gesprächskreis haben.

Das erste Treffen

4. **Was geschieht beim ersten Treffen?** Sie lernen einander als neue Gruppe kennen bzw. begrüßen neue Mitglieder, wenn Ihre Gruppe schon länger besteht. Sie sprechen über Ihre Erwartungen an diesen Kurs und vereinbaren „Spielregeln", die in der Gruppe gelten sollen.

Spielregeln

5. **Wie entsteht die Vereinbarung über die Spielregeln?** Sprechen Sie über die nachfolgenden Fragen, und notieren Sie die Punkte, bei denen Sie Einigung erzielen. So können Sie am Ende des Kurses gut beurteilen, ob Sie Ihre Ziele erreicht haben.

- Was ist der Zweck Ihrer Treffen?
- Wie oft wollen Sie sich treffen? (Dieser Kurs bietet Ihnen Gesprächsanregungen für acht Treffen. Wenn Sie danach weiterhin zusammenkommen wollen, verlängern Sie einfach Ihre Abmachung.)
- Wo wollen Sie sich treffen?
- Um welche Uhrzeit sollen die Treffen beginnen und wie lange sollen sie dauern?
- Welchen Rahmen wollen Sie Ihren Treffen geben? Soll es Getränke und etwas zum Knabbern geben? Wer ist dafür zuständig?

Hilfreich ist es, wenn Sie außerdem **Regeln für das Gespräch in der Gruppe** vereinbaren. Dazu könnten folgende Vereinbarungen gehören:

- Was in diesem Kreis gesagt wird, ist vertraulich und wird nicht nach außen getragen.
- Wir reden nicht übereinander, sondern miteinander.
- Gesprächsbeiträge werden nicht bewertet; jeder Teilnehmer wird mit seiner Meinung ernst genommen.
- Es gibt keine „unmöglichen" Positionen. Wenn es Meinungsunterschiede gibt, begründet jeder seine eigene Sicht.

- ______________________________

____

____

____

____

____

____

Sie können ergänzen, was Ihnen sonst noch für Ihre Gruppe wichtig zu sein scheint.

Zeitlicher Rahmen

6. Wie lange dauert ein Treffen? Die Mindestzeitangaben für die einzelnen Bausteine des Treffens sind für Gruppen gedacht, die nur eine Stunde zusammen sein können. Wenn Sie mehr Zeit zur Verfügung haben, verlängern Sie die angegebenen Zeiten einfach entsprechend.

7. Warum verabreden Sie sich zunächst nur für eine bestimmte Anzahl von Treffen? Weil es leichter ist, sich für einen überschaubaren Zeitraum für eine Sache zu entscheiden und sie wirklich durchzuhalten, als eine Verpflichtung auf unbestimmte Zeit einzugehen. Wenn Sie nach Abschluss des Kurses weiter als Gruppe zusammenbleiben wollen – umso besser.

Gesprächsinhalt

8. Was wird bei den Treffen besprochen?
Im Mittelpunkt der Treffen steht Jesus Christus und seine Deutung des verheißenen Retters. Anhand von alttestamentlichen Texten denken wir darüber nach, wie Jesus selbst seine eigene Identität und das Ziel seiner Mission verstanden hat. In den alttestamentlichen Schriften finden sich erstaunlich genaue Beschreibungen von Charakter und Auftrag des Verheißenen, ein „fünftes Evangelium". Dabei wird deutlich, dass diese Hinweise aufeinander aufbauen und so eine Verheißungslinie bilden, die sich in Jesus erfüllt.

Das Inhaltsverzeichnis bietet eine Übersicht über die Texte und Themen.

Vielleicht möchten Sie auch ein zusätzliches Treffen einplanen, in dem Sie sich gemeinsam mit den Spielregeln für diese Gruppe und der Einführung zum Thema Der verheißene Retter beschäftigen.

Bibelkenntnis

9. Und wenn jemand in der Gruppe wenig von der Bibel weiß? Prima! Dafür ist die Gruppe ja da. Die ERLÄUTERUNGEN geben Ihnen Hinweise zum Verständnis größerer Zusammenhänge, einzelner Ausdrücke, geschichtlicher Hintergründe oder wichtiger Personen im Text. Greifen Sie immer dann auf die Erläuterungen zurück, wenn der Sinn des Textes sich nicht von selbst erschließt.

Bibel dabeihaben

Die Texte, auf die sich dieses Heft bezieht, sind in den einzelnen Einheiten abgedruckt. Weil aber auch immer wieder einmal auf weitere biblische Zusammenhänge verwiesen wird, ist es gut, wenn die Teilnehmer auch eine Vollbibel dabeihaben, um entsprechende Stellen nachschlagen zu können.

„Hausaufgaben"

10. Was muss ich sonst noch tun? Nichts, wenn Sie nicht wollen. Aber Sie können über das hinausgehen, was in der Gruppe besprochen wird. Nicht immer werden Sie alle E*rläuterungen* gemeinsam in der Gruppe lesen und diskutieren können. Wenn Sie die Zusatzinformation voll ausschöpfen möchten, haben Sie dafür zwei Möglichkeiten:

• Lesen Sie Text und Erläuterungen vorbereitend zu Hause.

Oder:

• Vertiefen Sie das Gespräch über einen Text im Anschluss an Ihr Gruppentreffen. Lesen Sie den Text noch einmal im Zusammenhang und nehmen Sie sich Zeit, die Erläuterungen zu studieren.

Der Traum

11. Der Traum, der dahintersteckt: Menschen treffen sich und wachsen zu einer tragfähigen Gemeinschaft zusammen, in der jeder eine Heimat findet und in seinen Freuden und Schwierigkeiten angenommen ist. Menschen kommen zusammen, reden über ihr Leben und ihren Glauben und begegnen der Bibel – egal, ob sie Kirchenmitglieder sind, vom Glauben bisher viel oder wenig wissen, ob sie Christen sind oder nicht.

Serendipity

12. Was heißt Serendipity? „Das Geschenk, zufällig glückliche Entdeckungen zu machen." Genau darum geht es beim Kursmaterial „Serendipity bibel": Menschen kommen ins Gespräch über das Leben und den Glauben, tauschen Erfahrungen aus, setzen sich mit Fragen nach Gott und der Welt, nach Glaube und Bibel auseinander und machen dabei – möglicherweise ganz unvermutet – wertvolle Entdeckungen für ihr Leben.

Hinweise für Gruppenleiter

13. Weitergehen. Weitere Kurshefte zu vielen biblischen Themen finden Sie auf unserer Homepage:
https://www.brunnen-verlag.de/serendipity

Wie verläuft ein Treffen?

Jedes Treffen besteht aus drei Teilen:

1. EINSTIEG **(15–20 Minuten)**
Der Einstieg bietet Hilfen an, um sich untereinander kennenzulernen und ins Gespräch zu kommen. Die Impulse in diesem Teil zielen darauf ab, mehr voneinander zu erfahren, damit gute Beziehungen untereinander wachsen können.

2. BIBELGESPRÄCH **(30–40 Minuten)**
Lesen Sie den Bibeltext zunächst gemeinsam. Die Fragen in diesem Teil beziehen sich auf den Bibeltext bzw. das Thema der Gesprächseinheit. Sie helfen, den Bibeltext zu erschließen, und geben Ihnen einen Leitfaden für Ihr Gespräch. Greifen Sie immer dann auf die *Erläuterungen* zurück, wenn der Sinn des Textes sich nicht von selbst erschließt.

Sie werden vielleicht nicht alle Fragen in der zur Verfügung stehenden Zeit ansprechen können. Wählen Sie dann einfach die aus, die Ihrer Gruppe am wichtigsten erscheinen.

Wenn Ihre Gruppe recht groß ist, können Sie auch überlegen, ob Sie sich für das Bibelgespräch – immer oder hin und wieder – in kleinere Gruppen (etwa zu viert) aufteilen. Das gibt jedem Einzelnen die Möglichkeit, häufiger zu Wort zu kommen.

Wichtig: Zu manchen Fragen möchten Sie sich vielleicht nicht in der Gruppe äußern. Geben Sie aber Ihre Antwort für sich persönlich. Natürlich hat jeder die Freiheit, nur das mitzuteilen, was er wirklich möchte.

3. AUSTAUSCH UND GEBET **(15–30 Minuten)**
Hier ist Gelegenheit, den Text noch einmal ganz persönlich auf sich wirken zu lassen und, wenn Sie möchten, persönliche Anliegen anzusprechen. Dieser Austausch und das gemeinsame Gebet füreinander dienen ganz entscheidend dem Zusammenwachsen und dem Aufbau einer tragfähigen Gemeinschaft.

Die *Mindestzeitangaben* sind für Gruppen gedacht, die nur eine Stunde zur Verfügung haben. Wenn Sie mehr Zeit haben, verlängern Sie die angegebenen Zeiten einfach entsprechend.

Einführung: Der verheißene Retter

Jesus hat nie im Neuen Testament gelesen, umso mehr im Alten! In diesen Schriften erkennt er den Willen seines Vaters. Was er dort entdeckt, wird in seinem Leben umgesetzt und erfüllt. Zu zweien seiner Jünger sagt er einmal: „,Wie wenig versteht ihr doch! Warum begreift und glaubt ihr nicht, was die Propheten gesagt haben? Musste Christus nicht all dies erleiden, bevor Gott ihn zum Herrn über alles einsetzt?' Dann erklärte Jesus, was in der Heiligen Schrift über ihn gesagt wird – von den Büchern Mose angefangen bis zu den Propheten" (Lk 24,25-27). Im Neuen Testament werden lediglich eine Handvoll alttestamentlicher Verse ausgewählt und auf Jesus gedeutet. In Adventsliedern finden wir sie musikalisch verarbeitet („Tochter Zion, freue dich"). Jesus macht deutlich, dass dies nur eine Auswahl ist; vom ersten bis zum letzten Buch seiner Heiligen Schrift, des Alten Testaments, findet er Hinweise auf sein Leben. Das Alte Testament prägt seine Identität und das Ziel seiner Mission.

Die Verheißungslinie im Alten Testament

Mit Jesus wollen wir uns auf den Weg machen und herausfinden: Was ist das für eine Person – dieser Retter, den Gott verheißen hat? Wer ist das – der neue Trieb aus dem Stamm Isais, der Stein des Anstoßes, der Knecht des Herrn, der Erlöser Hiobs, der Menschensohn Daniels? In den (später so bezeichneten) „messianischen

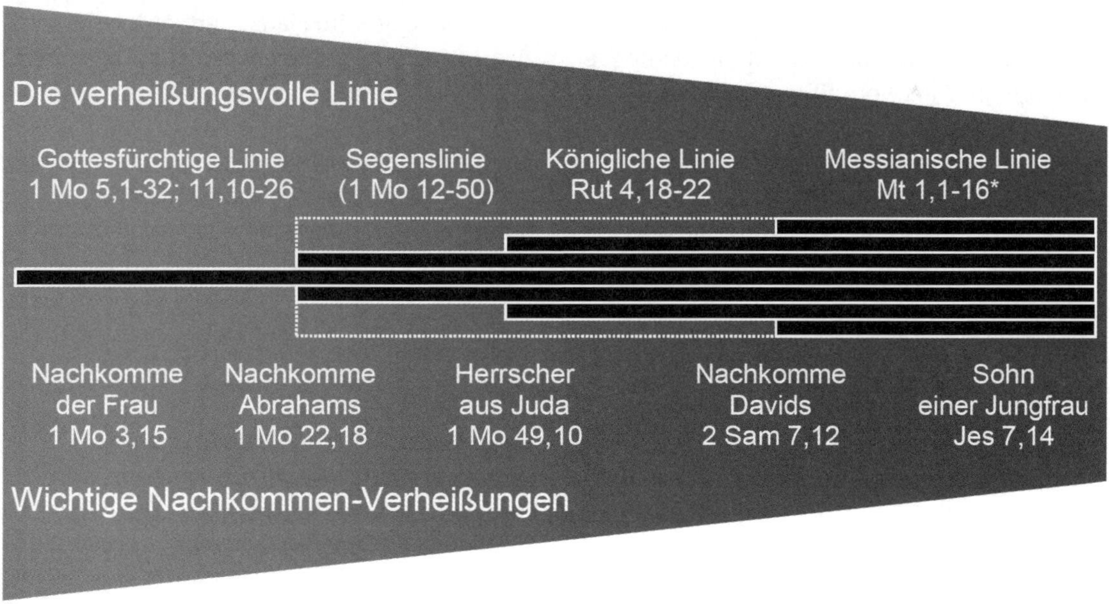

Aufbau der verheißungsvollen Linie von Adam bis zu Jesus Christus

* Mt 1,1-16 führt die messianische Linie über David zurück bis auf Abraham.

Verheißungen“ finden sich erstaunlich genaue Beschreibungen von Charakter und Auftrag des Verheißenen, ein „fünftes Evangelium“.

Das Neue Testament greift lediglich auf eine Handvoll weit gestreuter Verse im Alten Testament zurück, die einen königlichen Herrscher erwarten. Das könnte den Eindruck vermitteln, dass es sich bei dieser Erwartung nur um diffuse Lichtpunkte handelt, die kurz in der sonst großen Dunkelheit des Alten Testaments aufleuchten. Jedoch verstehen sich die Aussagen nicht als Punkte, sondern bauen als Linie deutlich aufeinander auf. Diese Linie wird mithilfe von Genealogien (Stammbäumen) bis zum ersten Menschenpaar Adam und Eva zurückgeführt.

Diese stehen nach dem Sündenfall vor einem scheinbar ausweglosen doppelten Problem: Zum einen belegt Gott, ihr Schöpfer, sie mit einem Fluch und verstößt sie aus seiner Gemeinschaft. Zum anderen bedroht die Schlange, Symbol für die Macht des Bösen, ihr Leben: Es „lauert die Sünde dir auf. Sie will dich zu Fall bringen“ (1 Mo 4,7). Doch Gott verheißt der Frau inmitten des Fluches einen „Nachkommen“, der den Kopf der Schlange zertreten und die Macht des Bösen brechen wird (1 Mo 3,15). Somit steht die Linie der Nachkommen als **verheißungsvolle Linie** unter der Frage: „Wer wird dieser Nachkomme sein? Und woran kann ich ihn erkennen?“

- Als **gottesfürchtige Linie** führt sie über Genealogien von Adam zu Abraham, dem Vater des Glaubens.
- Begleitet von starken Auseinandersetzungen um den väterlichen Segen wird sie über Isaak und Jakob als **Segenslinie** zu Juda, dem Stammvater Davids weitergeführt.
- Im Gegensatz zu den Umstürzen im Nordreich Israel bewahrt Gott die Dynastie Davids im Südreich Juda als **Königslinie** bis in die Babylonische Gefangenschaft hinein.
- In die Zukunft hinein wird diese Linie als **messianische Linie,** als Linie bis hin zum endzeitlichen König Israels, fortgeführt.

Es fällt auf, dass die Angaben über den Kommenden, welche diese Verheißungslinie begleiten, im Lauf der Zeit immer genauer werden. Die Linie spitzt sich immer enger auf eine Person hin zu. Zunächst wird ganz allgemein ein Mensch erwartet, der Sohn einer Frau. Dann wird deutlich, dass es ein segensbringender Nachkomme Abrahams ist, ein königlicher Nachkomme Judas, ein Sohn Davids, der auch Gottes Sohn sein wird, schließlich der Sohn einer Jungfrau, der den Namen „Immanuel“ trägt. Dieses Phänomen der stetigen Entwicklung begegnet uns auch in anderen Themenbereichen des Alten Testaments und wird **„fortschreitende Offenbarung“** genannt. Gott offenbart dem Menschen erst nach und nach, wohin sein Plan führen wird.

An einigen Schnittpunkten der verheißungsvollen Linie treten besondere **Nachkommen-Verheißungen** auf. Diese erwarten zumeist einen „Nachkommen“, der die Macht des Bösen besiegen, ein Segen für die Welt sein und ewig herrschen wird. Die Nachkommen-Verheißungen erfüllen sich teilweise schon zur Zeit des Alten Testaments, gehen jedoch deutlich darüber hinaus. So wird Isaak, der Sohn Abrahams, zwar zu einem großen Volk, aber noch nicht zum Segen für die Welt. Salomo, der Sohn Davids, wird der Vater einer langen Dynastie, die dann aber doch nicht ewig herrscht. Dem König Ahas wird mit Hiskia ein besonders gläubiger Sohn geboren, doch dieser regiert kein ewiges Friedensreich. Die vollständige Erfüllung der Verheißungen steht am Ende des Alten Testaments noch aus.

Prophetische und typologische Hinweise auf den Kommenden

Die Schriften des Alten Testaments berichten nicht allein von der Bewahrung der Verheißungslinie, sondern auch von Charakter und Werk des Kommenden. Zum einen geschieht dies durch **Prophetie** vorausblickend als Erwartung, Hoffnung und Verheißung. Zum anderen geschieht dies – für uns heute ungewöhnlich – durch die Beschreibung von Gestalten, die bereits vor ihm gelebt haben.

Dieses Verfahren wird **„Typologie“** genannt und findet sich nicht erst im Neuen Testament. So erkennt der Prophet Hesekiel mit Blick auf die Zukunft: „Und ich will ihnen einen einzigen Hirten erwecken, der sie weiden soll, nämlich meinen Knecht David“ (Hes 34,23; L). David ist zu diesem Zeitpunkt bereits seit knapp 400 Jahren tot. Es handelt sich also um eine andere Person, einen „Antitypos“, der jedoch bestimmte Eigenschaften des „Typos“ David tragen wird. Dieser neue König wird „im Geist und in der Kraft“ Davids leben, reden und handeln. Diese Übertragung ist berechtigt, da David selbst bereits erkennt: „Du hast mir ein Versprechen gegeben, das bis in die ferne Zukunft reicht“ (2 Sam 7,19). Die Bezeichnung des Hirten als „mein Knecht“ deutet neben David auch auf den „Typos“ Mose hin (4 Mo 12,7). Auch Mose ist sich bereits zu Lebzeiten bewusst, dass nach ihm jemand kommen wird, der ihm in gewisser Hinsicht gleichen wird: Gott der Herr „wird euch einen Propheten wie mich senden, einen Mann aus eurem Volk. Auf den sollt ihr hören“ (5 Mo 18,15). Der Kommende wird markante Wesenszüge seiner Vorläufer in der alttestamentlichen Geschichte tragen.

Gestalten der Verheißungslinie

Die Verheißungen eines besonderen Nachkommen werden gewöhnlich „messianische Verheißungen“ genannt. Der hebräische Wortstamm *maschach* bedeutet „salben“ und wird verwendet für die Einsetzung von Priestern, Königen und Propheten. Das Wort *Messias* – „Gesalbter“ – bezieht sich in den meisten Fällen auf einen König. Es kommt besonders häufig in den Psalmen vor und bezieht sich zurück auf das Vorbild von David, wie er in 2. Samuel 23,1-5 beschrieben wird. Gott hat mit ihm, dem geistbegabten Gesalbten, einen ewigen Bund geschlossen. Gott wird ihm nicht nur Wohlergehen und Erfolg, sondern auch einen Nachfolger „entsprießen“ lassen (V. 5; RE), der „gerecht regiert und Gott mit Ehrfurcht begegnet“ (V. 3). Die messianische Hoffnung erwartet also einen König, der seinem Volk am Ende der Zeiten Rettung bringen wird.

Es ist interessant zu beobachten, dass der Begriff „Messias“ gerade in den zentralen messianischen Verheißungen gar nicht auftaucht. Das zeigt, dass das Alte Testament im Blick auf den Kommenden weit mehr erwartet als nur einen König, einen Messias im engeren Sinn:

- Von Beginn an wird ein **„Nachkomme“** erwartet, welcher „der Schlange den Kopf zertreten“ und ein Segen für die Nationen der Erde sein wird. Diese Erwartung wird inhaltlich sehr weit entwickelt, bevor sie in die Königserwartung hineinläuft.
- Die Erwartung eines **Messias** im engeren Sinn, eines endzeitlichen Heilskönigs, beschreibt diesen unter anderem mit den Bildern eines gerechten Sprosses (Jeremia), eines guten Hirten und Fürsten (Hesekiel). Er wird ein ewiges Friedensreich aufrichten.
- Die Vorstellung von dem **leidenden Knecht des Herrn,** der die Schuld der Menschen auf sich nehmen und als **Licht der Welt** den Nationen Rettung bringen wird, ist mit der Königserwartung verbunden, wird jedoch in eigenständiger Weise entwickelt.
- Der königliche Sohn Davids wird auch als **Sohn Gottes** beschrieben, der die Rebellion der Nationen beendet (Psalm 2; 110).
- Nicht selten weist das Alte Testament darauf hin, dass **Gott selbst** sein Volk besuchen und mit Feuer zwischen Ungehorsamen und Bekehrten richten wird.
- Der Weise Daniel schaut den **Menschensohn,** der auf den Wolken des Himmels kommt (Dan 7,13). Er wird die Herrschaft über die ganze Welt antreten.

• Hiob hofft auf einen **Erlöser,** der dem einzelnen Menschen Recht vor Gott verschafft.

Das Neue Testament zeigt, wie sich diese verschiedenen Gestalten der alttestamentlichen Verheißungslinie in der Person von Jesus Christus verbinden und die Messiashoffnung und -verheißung sich in ihm erfüllt.

Der Textzusammenhang

Die in diesem Kurs zusammengestellten Texte lassen sich als einzelne Stationen einer zusammenhängenden Linie messianischer Erwartung verstehen. Sie werden also nicht aus der Bibel „herausgepickt" und erst nachträglich durch den Ausleger miteinander in Verbindung gebracht. Es soll gezeigt werden, dass bereits die biblischen Autoren selbst bewusst Anspielungen und Rückbezüge gestaltet haben, um diesen Zusammenhang herzustellen.

Trotzdem erfordert eine gute Auslegung, dass die einzelnen Textabschnitte auch in ihrem je eigenen Kontext erfasst und verstanden werden. Aus diesem Grund werden in diesem Kurs in der Regel nicht nur einzelne Verse, sondern möglichst längere Textabschnitte behandelt.

Aufgrund der zeitlichen Beschränkung wird dabei ein Kompromiss gemacht zwischen Menge und Umfang der einzelnen Textabschnitte. Wichtige messianische Texte, etwa aus den Psalmen, denen dieser Kurs kein eigenes Kapitel widmet, können auf den letzten Seiten mithilfe eines Bibelstellenregisters gesucht werden.

1 Der Nachkomme

1. Mose 3,15; 12,2; 49,10; 2. Samuel 7,12-14

Einstieg
15–20 Minuten
Wählen Sie bitte eine oder zwei Fragen aus.

1. Gibt es in Ihrer Familie einen Familienstammbaum? Können Sie etwas über einen interessanten oder den interessantesten Ihrer Vorfahren berichten?

2. Warum glauben viele Menschen zwar an das Alte Testament, aber nicht daran, dass Jesus der Messias ist?

3. Was konnten Juden zur Zeit von Jesus über den verheißenen Messias wissen?

Die Nachkommen-Verheißungen
Gott verkündet Adam und Eva und der Schlange nach dem Sündenfall die Konsequenzen ihres Tuns.
Von nun an werden du [die Schlange] und die Frau [Eva] Feinde sein, auch zwischen deinem und ihrem Nachwuchs soll Feindschaft herrschen. Er wird dir den Kopf zertreten, und du wirst ihn in die Ferse beißen! (1. Mose 3,15)

Gott verspricht Abraham:
Deine Nachkommen sollen zu einem großen Volk werden; ich werde dir viel Gutes tun; deinen Namen wird jeder kennen und mit Achtung aussprechen. Durch dich werden auch andere Menschen am Segen teilhaben. 3 Wer dir Gutes wünscht, den werde ich segnen. Wer dir aber Böses wünscht, den werde ich verfluchen! Alle Völker der Erde sollen durch dich gesegnet werden. (1. Mose 12,2.3)

Jakob segnet vor dem Tod seine zwölf Söhne. Der Segen für den viertältesten, Juda, enthält den folgenden Satz:
Juda, immer behältst du das Zepter in der Hand, Könige gehen aus deinem Stamm hervor – bis ein großer Herrscher kommt, dem alle Völker dienen. (1. Mose 49,10)

David möchte Gott einen Tempel bauen, erhält aber durch den Propheten Nathan Gottes Antwort: Das ist deinem Nachkommen vorbehalten.
Wenn du alt geworden und gestorben bist, will ich einen deiner Söhne als deinen Nachfolger einsetzen und seine Herrschaft festigen. Er wird mir

einen Tempel bauen, und ich werde seinem Königtum Bestand geben für alle Zeiten. Ich will sein Vater sein, und er wird mein Sohn sein … (2. Samuel 7,12-14)

Bibelgespräch

30–45 Minuten
Wählen Sie ggf. unter den Fragen aus.

Bilden Sie evtl. Zweiergruppen, die die angegebenen Verse im Kontext nachschlagen, und tragen Sie in der Gesamtgruppe zusammen, was Sie herausgefunden haben.

1. Gibt es Hinweise in den ersten Versen von 1. Mose 3, dass die Schlange hier mehr ist als nur ein Tier? Was symbolisiert sie?

2. Welche Erwartung richten die vier Verheißungen an den „Nachkommen"? Worin unterscheiden sich diese Erwartungen?

3. Wie erlangt Juda diesen besonderen Segen, obwohl doch Josef der (von wem? 1. Mose 37,2-4) bevorzugte Sohn ist und Juda nur der viertälteste? Lesen Sie dazu 1. Mose 49,3-7 und die Parallelen in 1. Mose 35,21f; 34,25-29.

4. Inwiefern erfüllen sich die Verheißungen aus 1. Mose 12, 1. Mose 49 und 2. Samuel 7 bereits teilweise im Leben von Abraham, David und Salomo? Wie wird klar, dass eine endgültige Erfüllung noch aussteht?

5. Wie deutet das Neue Testament die Verheißungen „der Schlange den Kopf zertreten", Segen für die Völker, Weltherrschaft, Tempelbau, „Sohn sein"? Inwiefern könnte jede einzelne dieser Deutungen die Juden zur Zeit von Jesus überrascht haben?

Austausch

15–30 Minuten

Wählen Sie ggf. unter den Fragen aus. Sie können das Gespräch mit einem gemeinsamen Gebet abschließen, in dem Sie auf mögliche Fragen und Anliegen Bezug nehmen, die im Gespräch deutlich geworden sind. Fragen, die nicht in der Gruppe thematisiert werden, können Ihnen auch als Anstoß dienen, zu Hause den Text vertiefend zu betrachten.

1. Das Neue Testament bekennt Jesus als Sieger über die Macht des Bösen. Wie ist diese Realität in Ihrem Leben erfahrbar? Was ist der Unterschied zwischen „nicht mehr sündigen zu müssen" und „nicht mehr zu sündigen"?

2. Wo wird Jesus durch Sie in Ihrem Umfeld zum Segen? Sollten Sie Ihren Wirkungskreis mithilfe dieses Kriteriums verlagern?

3. Das Neue Testament bekennt Jesus als König. Was bedeutet dieses Bekenntnis für die einzelnen Bereiche Ihres Lebens?

4. Sie haben die Würde eines Königskindes. Wie würde sich Ihr Alltag verändern, wenn Sie bewusst als Prinz oder Prinzessin leben?

Erläuterungen

1 Mo 3,15. Dieser Vers wird traditionell als „Protoevangelium" bezeichnet, als erster Hinweis auf den Sieg über das Böse. Manche Ausleger deuten den Vers als simple Erklärung der Feindschaft zwischen Mensch und Schlange. Es wäre jedoch mehr als erstaunlich, wenn die bisher sprechende, das Böse verkörpernde Schlange nun auf einmal ein gewöhnliches Tier ist. Von daher sehen von Beginn an christliche und jüdische Ausleger wie auch das Neue Testament hier den ersten Hinweis der Bibel auf das Werk des Messias (Röm 16,20; vgl. 1 Kor 15,22-28; Hebr 2,14).

Im 1. Mosebuch spielen vor allem die hebräischen Begriffe *zera'* „Same, Nachkomme(nschaft)" – in 1 Mo 3,15 als „Nachwuchs" übersetzt – und *toledot* „Nachkommen, Geschlechtsfolge, Familiengeschichte" eine tragende Rolle. Die sogenannte *toledot*-Formel gliedert das Buch in verschiedene Abschnitte. Sie verleiht dem Buch jedoch nicht nur seine Struktur, sondern darüber hinaus auch seine inhaltliche Richtung: *toledot* leitet sich von der hebräischen Wurzel *jld* „gebären" her und bezeichnet die Nachkommen eines Menschen beziehungsweise deren Ergehen. Somit geht es im ersten Buch des Alten Testaments um ein Geschlecht, eine Linie, deren Ergehen durch die Zeiten hindurch verfolgt wird.

Diese Linie führt den Auserwählten Abraham auf das erste Menschenpaar zurück. Sie ist geprägt von einem gottesfürchtigen, geistlichen Charakter. Damit steht sie in auffälligem Gegensatz zu der Linie Kains, welche sich auf die Ausbildung von Zivilisation und Kunst konzentriert (1 Mo 4,17-24).

Als Set seinen Sohn **Enosch** bekommt, wird berichtet: „Zu dieser Zeit begannen die Menschen, zum Herrn zu beten" (1 Mo 4,26).

Der Name **Mahalalel** lässt sich etymologisch von *halal* „loben" und *el* „Gott" herleiten.

Von **Henoch** wird berichtet: „Henoch lebte in enger Gemeinschaft mit Gott. Er wurde 365 Jahre alt. Dann war er plötzlich nicht mehr da – Gott hatte ihn zu sich genommen!" (5,23f).

Möglicherweise geht es bei dem Wunsch **Lamechs** nach Trost (V. 29) nicht nur um Erleichterung von dem Fluch, sondern um die Erlösung von dem Fluch, um den „erhofften Tröster".

Sein Sohn **Noah** lebt wie Henoch in enger Gemeinschaft mit Gott: „Noah lebte so, wie es Gott gefiel, und hörte auf ihn. Er tat nur, was in Gottes Augen gut war. Die Menschen, die ihn kannten, wussten, dass er ein vorbildliches Leben führte" (6,9; vgl. 7,1).

Abraham „setzte sein ganzes Vertrauen auf den Herrn, und so fand er Gottes Anerkennung" (15,6; vgl. 17,1 „lebe mit mir und tu, was recht ist").

Der geistliche Charakter dieser Linie soll auch **in Zukunft** erhalten bleiben. Gott sagt über Abraham: „Er soll seine Nachkommen auffordern, so zu leben, wie es mir gefällt. Sie sollen das Recht achten und Gerechtigkeit üben, damit ich meine Zusage einlösen kann, die ich Abraham gegeben habe" (18,19).

Das Motiv des **Sieges über die Schlange** wird im Alten Testament auf verschiedene Weise weitergeführt. Gott selbst wird gegen eine Schlange kämpfen, die unterschiedlich beschrieben wird: „In dieser Zeit wird der Herr mit dem Leviatan abrechnen, diesem schnellen Ungeheuer, das sich windet wie eine Schlange. Gottes mächtiges und scharfes Schwert wird ihn treffen, diesen Meeresdrachen. Der Herr wird ihn töten" (Jes 27,1). Das Neue Testament macht deutlich, dass hinter der bösen Macht eine Person steht: „Der große Drache ist niemand anders als der Teufel oder Satan, der als listige Schlange schon immer die ganze Welt zum Bösen verführt hat" (Offb 12,9; vgl. 20,2). Der Sieg über das Böse wird ein endgültiger sein, es wird nicht mit der übrigen Schöpfung vom Fluch erlöst werden.

1 Mo 12,2.3. Abraham ist das zwanzigste Glied der geistlichen Linie aus 1. Mose 1–11. Wenn hier von den Völkern oder Sippen der Erde die Rede ist, greift dieser Begriff auf die 70 Nationen der Völkertafel aus 1. Mose 10 zurück. Abraham und seine Nachkommen sind erwählt, doch nicht zum Selbstzweck. Die Erwählung dient zum Segen für die, die nicht erwählt sind. Der Menschheit, die am Ausgang der Urgeschichte unter den Folgen der „Fluchgeschichten" leidet, wird nun Rettung in Form von „Segen" in Aussicht gestellt.

Innerhalb der Verheißung finden sich vier Segenszusagen Gottes, die sich immer stärker ausweiten: „Ich werde dir viel Gutes tun" – Abraham allein ist gesegnet. „Durch dich werden auch andere Menschen am Segen teilhaben" – Abrahams Name wird als Segen benutzt. „Wer dir Gutes wünscht, den werde ich segnen" – die Abraham Segnenden werden gesegnet. „Alle Völker der Erde sollen durch

Abraham (A) – Rahmen und durch dich sollen gesegnet werden	alle Sippen der Erde (12,3).
Abraham (B) und durch ihn sollen gesegnet werden	alle Völker der Welt (18,18).
Abraham (C) und **durch deinen Nachkommen** sollen gesegnet werden	alle Völker der Welt (22,18).
Isaak (wie Abraham C) – Anknüpfung und **durch deinen Nachkommen** sollen gesegnet werden	alle Völker der Welt (26,4).
Jakob (wie Abraham A) – Rahmen und durch dich sollen gesegnet werden und **durch deinen Nachkommen**	alle Sippen der Erde (28,14).

dich gesegnet werden" – alle Familien werden in Abraham gesegnet.

Die Verheißungen aus 1. Mose 12,2f werden sowohl Abraham als auch Isaak und Jakob gegenüber bestätigt und weiter ausgebaut. Neue Motive wie Bund, Eid, Beistand und Herrschaft treten hinzu. Der Segen aus 1. Mose 12,3 wird viermal aufgegriffen (siehe Grafik).

1 Mo 49,10. Die besondere Erwählung des Jakob-Sohnes Juda stellt eine kleine Sensation dar, da zunächst alle Anzeichen auf den zweitjüngsten Josef deuten. Josef ist Herrscher über die mächtigste Nation der Welt und Glied einer Priesterfamilie (1 Mo 41,39-45). Doch nachdem Ruben, Simeon und Levi disqualifiziert sind (1 Mo 49,1-7), ist Juda der älteste verbliebene Erbe. Seine Linie ist besonders umstritten, da er seinen Sohn Perez mit seiner kanaanitischen Schwiegertochter Tamar (1 Mo 38) zeugt. Die Verbeugung seiner Brüder vor ihm, die bisher Josef gegolten hatte, wird nun auf die Nachkommen von Juda übertragen. Dann wird ein Herrscher aus seinem Geschlecht hervortreten. Der wird den Nationen, die sich ihm unterordnen, Gottes Segen vermitteln, wie er in 49,11f in Bildern des Wohlstands beschrieben wird.

2 Sam 7,12. Einen Brückenkopf zwischen der Erwartung eines besonderen königlichen Nachkommens in der Thora und den hinteren Propheten bildet die Verheißung Nathans über die Zukunft nach Davids Tod. Diese Verheißung gilt für alle Zeiten, einer der Nachkommen Davids wird ein ewiges Königreich errichten. Salomo, der Sohn Davids, baut Gott zwar einen Tempel, doch endet seine Herrschaft mit Schwierigkeiten. So betet bereits David nach Empfang der Verheißung: „Du hast mir ein Versprechen gegeben, das bis in die ferne Zukunft reicht" (V. 19). Die Verheißung weist über ihn hinaus, das Alte Testament erwartet eine Erfüllung in ferner Zukunft. Die Linie der Nachkommen Davids reißt um dieser Verheißung willen nicht mehr ab (1 Kön 11,13; 2 Kön 8,19). Die Bücher Samuel und Könige berichten vom Niedergang und der Verbannung des Volkes Israel. Am Ende bleibt nur noch eine Hoffnung, die Linie der Nachkommen Davids. Die letzten Worte berichten, dass der Nachkomme Jojachin überlebt (2 Kön 25,27-30). Das erste Kapitel des Neuen Testaments führt Jesus Christus über die Stationen Jojachin und David auf Abraham zurück (Mt 1,2.6.12). Lukas 1,35 zeigt, dass Jesus Gottes Sohn in einem ungeahnt wörtlichen Sinn ist (Hebr 1,5). Johannes 2,19-22 zeigt, dass Jesus im übertragenen Sinn einen Tempel baut, seinen Leib nach der Auferstehung. Mit Paulus bekommt dieser Gedanke eine tiefere Bedeutung, wenn er die Gemeinde als Leib von Jesus deutet (1 Kor 3,16; 12,27).

2 Der Friedenskönig

Jesaja 7,14; 9,5; 11,1-10

Einstieg
15–20 Minuten
Wählen Sie bitte eine oder zwei Fragen aus.

1. Haben Sie schon einmal zwischen zwei Menschen in einem Streit vermittelt? Welche Erfahrungen haben Sie gemacht?

2. Gibt es eine Qualität von Frieden, die nur Gott schaffen kann? Was ist der Unterschied zwischen göttlichem und menschlichem Frieden?

Jesajas Blick auf den Kommenden
Der Prophet Jesaja verkündet dem König Ahas, einem Nachkommen Davids, in einer Zeit politischer Unsicherheit:
Jetzt gibt euch der Herr von sich aus ein Zeichen: Eine Jungfrau wird schwanger werden und einen Sohn bekommen. Immanuel wird sie ihn nennen. (Jesaja 7,14)

* * *

In seinem Buch schreibt Jesaja weitere Verheißungen Gottes für sein Volk nieder:
Denn uns ist ein Kind geboren! Ein Sohn ist uns geschenkt! Er wird die Herrschaft übernehmen. Man nennt ihn „Wunderbarer Ratgeber“, „Starker Gott“, „Ewiger Vater“, „Friedensfürst“. (Jesaja 9,5)

* * *

Was von Davids Königshaus noch übrig bleibt, gleicht einem alten
Baumstumpf. Doch er wird zu neuem Leben erwachen: Ein junger Trieb
sprießt aus seinen Wurzeln hervor. 2 Der Geist des Herrn wird auf ihm
ruhen, ein Geist der Weisheit und der Einsicht, ein Geist des Rates und
der Kraft, ein Geist der Erkenntnis und der Ehrfurcht vor dem Herrn.
3 Dieser Mann wird den Herrn von ganzem Herzen achten und ehren. Er
richtet nicht nach dem Augenschein und fällt seine Urteile nicht nach
dem Hörensagen. 4 Unbestechlich verhilft er den Armen zu ihrem Recht
und setzt sich für die Rechtlosen im Land ein. Sein Urteilsspruch wird
die Erde treffen; ein Wort von ihm genügt, um die Gottlosen zu töten.
5 Gerechtigkeit und Treue werden sein ganzes Handeln bestimmen.
6 Dann werden Wolf und Lamm friedlich beieinander wohnen, der Leo-
pard wird beim Ziegenböckchen liegen. Kälber, Rinder und junge Löwen
weiden zusammen, ein kleiner Junge kann sie hüten. 7 Kuh und Bärin

teilen die gleiche Weide, und ihre Jungen liegen beieinander. Der Löwe
frisst Heu wie ein Rind. [8] Ein Säugling spielt beim Schlupfloch der Viper,
ein Kind greift in die Höhle der Otter. [9] Auf dem ganzen heiligen Berg
wird niemand etwas Böses tun und Schaden anrichten. Alle Menschen
kennen den Herrn, das Wissen um ihn erfüllt das Land wie Wasser das
Meer. [10] In dieser Zeit ist der Trieb, der aus der Wurzel Davids hervor-
sprießt, als Zeichen für alle Völker sichtbar. Sie werden nach ihm fragen,
und der Ort, an dem er wohnt, wird herrlich sein. (Jesaja 11,1-10)

* * *

Doch Gott, der Herr, sagt: „Ich lege in Jerusalem ein Fundament. Es ist ein Grundstein, ein kostbarer Eckstein, der felsenfest steht. Wer auf ihn baut und ihm vertraut, braucht nicht zu fliehen." (Jesaja 28,16)

Bibelgespräch

30–45 Minuten
Wählen Sie ggf. unter den Fragen aus.

1. Was bedeutet es, dass der Messias als Kind oder junger Trieb beschrieben wird? Welche Verhältnisse stellt Gott (sonst noch) in diesen Texten auf den Kopf?

2. Welche Auswirkungen haben die göttlichen Namen des Königs in Jesaja 9,5 für das Volk, das er regiert? Lassen sich Anhaltspunkte in Jesaja 11 finden?

3. Der Anbruch des Friedensreichs wird nicht gewaltfrei geschildert. Kann es positive Auswirkungen der Strafe in Jesaja 11,4 geben?

4. Gibt es Parallelen zum Garten Eden (1 Mo 1 und 2) und dem himmlischen Jerusalem (Offb 21,1-5; 22,1-5)? Wie lässt sich das Bild ergänzen?

5. Welche Rückschlüsse lässt die Beschreibung des Friedensreichs in Jesaja 11 auf den Charakter des Königs zu?

6. Welche Aspekte verbinden den Stein (Jes 28,16) als Sinnbild mit Gottes Handeln durch seinen Messias?

7. Die kirchliche Tradition erkennt in Jesaja 11,2.3 sieben Geistesgaben – Weisheit, Einsicht, Rat, Stärke, Erkenntnis, Frömmigkeit und Gottesfurcht –, die Jesus an seine Gemeinde weitergibt (Katechismus der katholischen Kirche, § 1831). Was fällt auf im Vergleich zu den Geistesgaben, die Paulus nennt (1 Kor 12,8-10.28-30; Röm 12,6-8; Eph 4,11; vgl. 1 Petr 4,10f)?

Austausch
15–30 Minuten

Wählen Sie ggf. unter den Fragen aus. Sie können das Gespräch mit einem gemeinsamen Gebet abschließen, in dem Sie auf mögliche Fragen und Anliegen Bezug nehmen, die im Gespräch deutlich geworden sind. Fragen, die nicht in der Gruppe thematisiert werden, können Ihnen auch als Anstoß dienen, zu Hause den Text vertiefend zu betrachten.

1. Ist die Verheißung des Jesaja in der Gemeinde von Jesus erfüllt? Welche Aspekte sind „schon jetzt" (in Ansätzen) verwirklicht, welche „noch nicht" sichtbar?

2. Was unterscheidet das Friedensreich des Messias von einem Schlaraffenland?

3. Welche Rolle spielen der Friede und die Gerechtigkeit zwischen Menschen für mein Glaubensleben?

Erläuterungen

7,14. Jetzt gibt euch der Herr von sich aus ein Zeichen: Eine Jungfrau wird schwanger werden und einen Sohn bekommen. Immanuel wird sie ihn nennen. Die eindrücklichste Prägung erfährt die messianische Erwartung durch den Propheten Jesaja, der etwa zwischen den Jahren 740 und 690 wirkte. Im Zentrum seiner „Botschaft über Juda und Jerusalem" (Kapitel 2–12) findet sich die Erwartung der Geburt eines Immanuel: „Jetzt gibt euch der Herr von sich aus ein Zeichen: Eine Jungfrau wird schwanger werden und einen Sohn bekommen. Immanuel wird sie ihn nennen" (Jes 7,14).

Jesaja spricht diese Worte in eine schwierige politische Situation hinein. Pekach, der König des Nordreichs Israel verbündet sich mit dem aramäischen König Rezin. Gemeinsam marschieren sie nach Jerusalem, um der königlichen Linie Davids ein Ende zu setzen (V. 6). Ahas, der amtierende König von Juda, sucht seine Hilfe jedoch nicht bei Gott, sondern bei der Großmacht Assyrien. In 2. Könige 16,7.8 lesen wir, dass er den Tempelschatz Gottes raubt, um damit den assyrischen König Tiglat-Pileser zu bestechen. Dieser soll ihm zu Hilfe eilen. Damit leitet er den tragischen Untergang des Nordreichs Israel im Jahr 722 v. Chr. ein.

Ahab verheimlicht dem Propheten Jesaja gegenüber jedoch seine Pläne. Als dieser ihm ein Zeichen Gottes anbietet, um seinen Glauben zu stärken, lehnt er es mit scheinbar frommen Worten ab: „Ich will den Herrn nicht auf die Probe stellen" (V. 12). Gott durchschaut sein Herz und lässt ihm dennoch ein Zeichen verkünden. Jesaja berichtet zwar nicht darüber, wie sich die Immanuel-Verheißung erfüllt. Es muss jedoch etwas geschehen sein, da seine Glaubwürdigkeit auf dem Spiel steht.

Viele Ausleger nehmen an, dass kurz darauf dem König Ahas und der (bis dahin) Jungfrau Abi der Sohn Hiskia geboren wird, wie es 2. Könige 18,2 berichtet. Hiskia wird zu einem konkurrenzlos gläubigen König in der Linie Davids (V. 5). Es lässt sich vermuten, dass die Prophezeiung Jesajas, die Geburt Hiskias und der Sieg von Assyrien über Aram sehr eng beieinanderliegen (734–732 v. Chr.).

Trotz seines überragenden Glaubens erfüllt Hiskia nur einen geringen Teil der Verheißungen, die Jesaja mit dem neugeborenen Sohn verbindet. Ähnlich wie die Nathan-Verheißung über Salomo hinausdeutet, so weist auch diese Verheißung über Hiskia hinaus. Die Geburt des vollendeten „Immanuel" steht noch aus und wird erst in Matthäus 1,23 berichtet.

Dort wird deutlich, dass der Messias in noch wörtlicherem Sinn Sohn einer Jungfrau ist. Matthäus greift die griechische Übersetzung *parthénos* des hebräischen *'almah* auf. Manche Forscher spekulieren darüber, ob es sich bei dem hebräischen Wort *'almah* nicht lediglich um eine „junge Frau" handele. Dann hätte Matthäus die Verheißung in Jesaja möglicherweise missverstanden. Diese Ansicht lässt sich jedoch kaum halten. Denn *'almah* bezeichnet im Alten Testament in allen Fällen, wo der Kontext ein Urteil erlaubt, eine Jungfrau (1 Mo 24,43; 2 Mo 2,8; Spr 30,19).

9,5. Denn uns ist ein Kind geboren! Ein Sohn ist uns geschenkt! Er wird die Herrschaft übernehmen. Man nennt ihn „Wunderbarer Ratgeber", „Starker Gott", „Ewiger Vater", „Friedensfürst". Jesaja 9,5 greift die Verheißung des Sohnes aus 7,14 auf und benennt ihn mit vier Thronnamen, die nur Gott zustehen. Wird hier lediglich beschrieben, wie Gott in der Regierung des Königs wirkt, oder ist dieser Kö-nig ein Gott? Das wäre ein für jüdische Ausleger sehr anstößiger Gedanke, der sich ähnlich auch in Psalm 45,7.8 findet. Als **Wunderbarer Ratgeber** besitzt er die Fähigkeit, Wundertaten zu planen und durchzuführen. Er wird in Weisheit handeln. Nichts wird ihm zu schwer sein. Der zweite Titel **Starker Gott** unterstreicht seine göttliche Natur trotz menschlicher Herkunft. Er ist ein Gott, der Geschichte schreibt. Auch die Bezeichnung **Ewiger Vater** wird in Israel nie für den König verwendet, sondern immer für Gott. Als oder wie ein Gott wird dieser König seinem erwählten Volk für immer ein Vater sein. Lediglich die Bezeichnung **Friedensfürst** erscheint einem menschlichen König angemessen. Bei dem „Schalom" geht es nicht nur um die Abwesenheit von Krieg, sondern auch um Sicherheit und Segen, wie Jesaja 9,6 andeutet: „Er wird seine Herrschaft weit ausdehnen und dauerhaften Frieden bringen. Wie sein Vorfahre David herrscht er über das Reich, festigt und stützt es ..."

11,1. Was von Davids Königshaus noch übrig bleibt, gleicht einem alten Baumstumpf. Doch er wird zu neuem Leben erwachen: Ein junger Trieb sprießt aus seinen Wurzeln hervor. Die messianische Linie knüpft nicht bequem an die verdorbene königliche Linie an. Gott wird das Königshaus richten, wie wenn man einen Baum abschlägt. Zurückgebildet bis zu den Ursprüngen – im Urtext ist nicht David, sondern nur sein Vater Isai genannt – ist es befreit von dem Bösen, das allen Königen der Davidslinie auch anhaftete. Dabei hält Gott durch ein Wunder sein Versprechen an David: „Deine Nachkommen aber werden für alle Zeiten Könige sein" (2 Sam 7,16). Die tot geglaubte Wurzel bringt neues Leben hervor. Das Bild des sprießenden **jungen Triebes** knüpft an 2. Samuel 23,5 an, wonach Gott Davids Wohlergehen und Erfolg, so wörtlich, „sprießen" lassen wird. Der Prophet Jeremia greift dieses Bild auf und nennt den Nachkommen Davids einen, so wörtlich, „gerechten Spross" (Jer 23,5-6; 33,14-18; vgl. Jes 4,2; Hes 17,22).

V. 2. Der Geist des Herrn wird auf ihm ruhen, ein Geist der Weisheit und der Einsicht, ein Geist des Rates und der Kraft, ein Geist der Erkenntnis und der Ehrfurcht vor dem Herrn. Auch dass der Geist Gottes auf dem Messias, dem Sohn Isais ruhen wird, erfahren wir in 2. Samuel 23,1f, dort noch bezogen auf David. Dies wird nun auch von dem kommenden König erwartet. Die göttlichen Gaben der Weisheit und Einsicht stehen im Kontrast zu der irdischen, prahlerischen Klugheit, mit der sich der König von Assyrien rühmt (Jes 10,13). Es sind Gaben im *geistigen* Bereich, welche eine gerechte Rechtsprechung garantieren. Wie König Salomo bekommt auch der kommende König seine **Weisheit** von Gott. **Einsicht** ist die Fähigkeit, das Wesen der Dinge zu erfassen. **Rat und Kraft** greifen auf den „wunderbaren Ratgeber" und „starken Gott" in Jesaja 9,5 zurück. Die strategische Fähigkeit, das Planen und das Beschlossene dann auch gegen Widerstand durchzusetzen, sind *machtvolle* Gaben zur Führung eines Volkes. **Ehrfurcht vor dem Herrn** ist der Anfang der **Erkenntnis** (Spr 1,7). Es handelt sich um *geistliche* Gaben, da auch die Erkenntnis hier stark in die Nähe einer Beziehung zu Gott rückt. Als Jesus seine Predigt in Nazareth mit den Worten aus Jesaja 61 beginnt: „Der Geist des Herrn ruht auf mir, weil er mich berufen hat" (Lk 4,18), weist er sich als dieser geistbegabte Messias aus. Die drei Eigenschaftspaare und die Nennung des „Geistes des Herrn" zu Beginn ergeben sieben Geister, die Johannes in seiner Offenbarung aufgreift (1,4; 4,5; 5,6). Wenn der Messias in Jesaja 11,9 seinen „Geist der Erkenntnis" an andere weitergibt, so öffnet dies die Perspektive zu den Geistesgaben des Paulus, dessen offene Listen neben Weisheit und Erkenntnis zahlreiche weitere Gaben zum Nutzen des Baus der Gemeinde nennen (1 Kor 12,8-10.28-30; Röm 12,6-8; Eph 4,11; 1 Petr 4,10f).

V. 3. Dieser Mann wird den Herrn von ganzem Herzen achten und ehren. Er richtet nicht nach dem Augenschein und fällt seine Urteile nicht nach dem Hörensagen. Die Verse 3 bis 5 beschreiben die Herrschaft des Königs. Er wird die Situation seines Volkes durchschauen und sich nicht hintergehen lassen.

V. 4. Unbestechlich verhilft er den Armen zu ihrem Recht und setzt sich für die Rechtlosen im Land ein. Sein Urteilsspruch wird die Erde treffen; ein Wort von ihm genügt, um die Gottlosen zu töten. Das Schicksal der Menschen, die sich selbst nicht helfen können, gibt die Qualität einer Regierung zu erkennen. Der König widmet ihnen seine volle Aufmerksamkeit. Er lässt sich weder dazu hinreißen, sie zu bevorzugen, noch zu benachteiligen. Er ist so mächtig, dass er keine Waffen benötigt. Mit seinen Worten kann er die Menschen bestrafen, die sich dem Bösen zugewandt haben. Die Strafe kann zur Umkehr, aber auch zum endgültigen Gericht und Tod des Schuldigen führen. Im Neuen Testament besitzt Jesus diese Macht, um den endzeitlichen Feind Gottes mit dem „Hauch seines Mundes" zu vernichten (2 Thess 2,8).

V. 5. Gerechtigkeit und Treue werden sein ganzes Handeln bestimmen. Man wird sich voll und ganz auf den König und seine Rechtsprechung verlassen können. Die Offenbarung des Johannes beschreibt Jesus als den Treuen, der für Gerechtigkeit kämpft. Er besiegt die gottfeindlichen Völker mit einem Schwert aus seinem Mund (Offb 19,11.15).

V. 6. Dann werden Wolf und Lamm friedlich beieinander wohnen, der Leopard wird beim Ziegenböckchen liegen. Kälber, Rinder und junge Löwen weiden zusammen, ein kleiner Junge kann sie hüten. Die Verse 6 bis 9 beschreiben den Zustand der Natur, wie er vor dem Sündenfall geherrscht haben muss. Die Einsetzung des Messias wird ein Ereignis sein, auf das „die ganze Schöpfung sehnsüchtig und voller Hoffnung" wartet (Röm 8,19). Jesaja stellt hier zwei Gruppen à drei Bildern zusammen, die je mit dem Verweis auf ein Kind enden. Der messianische Friede wird alles, selbst die Tierwelt, so stark verändern, dass sogar der wehrloseste Mensch keine Furcht mehr zu haben braucht.

V. 7. Kuh und Bärin teilen die gleiche Weide, und ihre Jungen liegen beieinander. Der Löwe frisst Heu wie ein Rind.

Nach V. 6 werden Raubtiere harmlos sein wie Haustiere. Nach V. 7.8 werden sich Fleischfresser nur noch vegetarisch ernähren.

V. 8. Ein Säugling spielt beim Schlupfloch der Viper, ein Kind greift in die Höhle der Otter. Die Verbindung zwischen Säugling und Viper mag den modernen Leser an 1 Mo 3,15 denken lassen. Doch werden im Hebräischen andere Begriffe gebraucht. Der Fluch über die Schlange ist nicht aufgehoben (Jes 27,1; 65,25). Es geht hier also nicht um einen Frieden zwischen dem Menschen und der Macht des Bösen. Vielmehr ist das Böse so vollständig besiegt, dass selbst bis dahin heimtückische Tiere nicht mehr gefürchtet werden brauchen.

V. 9. Auf dem ganzen heiligen Berg wird niemand etwas Böses tun und Schaden anrichten. Alle Menschen kennen den Herrn, das Wissen um ihn erfüllt das Land wie Wasser das Meer. Der Mensch wird weder Böses hervorbringen noch Gutes verderben. Dies gilt für den Berg Zion, den Ort, an dem der Mensch Gott begegnen kann. Nun hat jeder Mensch die Möglichkeit, diesen Gott kennenzulernen. Das Wissen um ihn beschreibt die Möglichkeit persönlicher und vertrauter Gemeinschaft mit Gott. Der Messias bietet seinen „Geist der Erkenntnis" (V. 2) dem ganzen Land an. Der zweite Teil dieses Verses ist die vielleicht deutlichste Darstellung im gesamten Alten Testament, welche die Vision hinter dem neutestamentlichen Missionsauftrag beschreibt.

V. 10. In dieser Zeit ist der Trieb, der aus der Wurzel Davids hervorsprießt, als Zeichen für alle Völker sichtbar. Sie werden nach ihm fragen, und der Ort, an dem er wohnt, wird herrlich sein. Nicht nur das Land Israel, sondern alle Nationen der Erde werden ihn suchen. „Er wird ihre einzige Hoffnung sein" (Röm 15,12). Der Ort des Messias ist eine „Ruhestätte" (so wörtlich) für ihn und für die, welche bei ihm wohnen dürfen. Wie der Messias herrlich ist, so wird auch der heilige Berg mit dem ehrenvollen Ruhmglanz Gottes erfüllt sein.

28,16. Doch Gott, der Herr, sagt: „Ich lege in Jerusalem ein Fundament. Es ist ein Grundstein, ein kostbarer Eckstein, der felsenfest steht. Wer auf ihn baut und ihm vertraut, braucht nicht zu fliehen." Nicht erst das Neue Testament (Röm 9,33; 10,11; 1 Petr 2,6), sondern bereits die jüdischen Targumim, die aramäischen Übertragungen des Alten Testaments, deuten diesen Vers auf den Messias. Es kommt darauf an, auf ihn zu bauen, seinen Glauben auf ihn zu gründen. Es ist interessant, dass Gott selbst in Jesaja 26,4 als Fels bezeichnet wird, ähnlich wie im Abschiedslied des Mose, 1 Mo 32. In Jesaja 8,14 schließlich bezeichnet sich Gott als „der Stein, über den sie stolpern. Ich bin ein Fels, über den Israel und Juda stürzen". Psalm 118,22 nennt einen Grundstein für das ganze Haus, welcher ein Stein ist, „den die Bauleute wegwarfen, weil sie ihn für unbrauchbar hielten". Der Prophet Daniel schließlich sieht das Königreich Gottes wie einen zermalmenden Stein auf die Machtansprüche der Menschen zukommen (Dan 2,44f). So wird der Stein mit seiner vierfachen Symbolik – verlässliche Grundlage, verworfenes Material, Stein des Anstoßes und der Zerstörung (dazu Mt 21,44; Lk 20,18) – zum Sinnbild des endzeitlichen Handelns Gottes durch seinen Messias.

3 Das Licht der Welt

Jesaja 49,1-13

Einstieg
15–20 Minuten
Wählen Sie bitte eine oder zwei Fragen aus.

1. Welche Erfahrungen mit Dunkelheit waren für Sie besonders eindrücklich?

2. Was, glauben Sie, müsste passieren, damit alle Völker dieser Erde umfassend friedlich zusammenleben können?

Der Bote des Herrn – ein Licht für die Völker

49 1 Hört mir zu, ihr Bewohner der Inseln und ihr Völker in der Ferne!
Schon vor meiner Geburt hat der Herr mich in seinen Dienst gerufen.
Als ich noch im Mutterleib war, hat er meinen Namen genannt. 2 Er hat
mir Worte in den Mund gelegt, die durchdringen wie ein scharfes
Schwert. Schützend hält er seine Hand über mir. Er hat mich zu einem
spitzen Pfeil gemacht und mich griffbereit in seinen Köcher gesteckt. 3 Er
hat zu mir gesagt: „Israel, du bist mein Bote. An dir will ich meine Herr-
lichkeit zeigen.“ 4 Ich aber dachte: „Vergeblich habe ich mich abgemüht,
für nichts und wieder nichts meine Kraft vergeudet. Dennoch weiß ich,
dass der Herr für mein Recht sorgt, von ihm, meinem Gott, erhalte ich
meinen Lohn.“ 5 Und nun spricht der Herr zu mir. Er hat mich von Ge-
burt an zum Dienst für sich bestimmt. Die Nachkommen Jakobs soll ich
sammeln und zu ihm zurückbringen. Gott selbst hat mir diese ehrenvol-
le Aufgabe anvertraut, er gibt mir auch die Kraft dazu. 6 Er spricht zu mir:
„Du sollst nicht nur die zwölf Stämme Israels wieder zu einem Volk ver-
einigen und die Überlebenden zurückbringen. Dafür allein habe ich dich
nicht in meinen Dienst genommen, das wäre zu wenig. Nein – ich habe
dich zum Licht für alle Völker gemacht, damit du der ganzen Welt die
Rettung bringst, die von mir kommt!“
7 So spricht der Herr, der Erlöser und heilige Gott Israels, zu dem, der
überall verachtet ist, verabscheut von den Völkern und unterdrückt von
den Herrschern dieser Welt: „Könige und Fürsten werden erkennen, dass
du in meinem Auftrag handelst. Voller Ehrfurcht erheben sie sich von
ihren Thronen und werfen sich vor dir nieder. Denn ich, der heilige Gott
Israels, habe dich erwählt, und ich stehe treu zu dir! 8 Ich verspreche dir:
Ich will dein Gebet erhören. Es wird eine Zeit der Gnade für dich geben,
einen Tag, an dem du meine Hilfe erfährst. Ich will dich vor Schaden
bewahren und durch dich einen Bund mit meinem Volk schließen:
Durch dich soll das Land Israel wieder aufgebaut werden. Du wirst die
zerstörten Ländereien unter die Israeliten aufteilen 9 und den Gefange-

nen zurufen: ‚Kommt heraus aus euren dunklen Kerkern! Kommt ans
Licht, ihr seid frei!' Es wird ihnen gehen wie einer Schafherde, die an den
Wegen und selbst auf kahlen Hügeln Nahrung findet. 10 Sie leiden weder
Hunger noch Durst, Hitze und Sonnenglut schadet ihnen nicht. Denn
ich habe Erbarmen mit ihnen und führe sie zu sprudelnden Quellen.
11 Auch die Berge dürfen für sie kein Hindernis sein: Ich ebne sie ein.
Mein Volk soll auf gut gebauten Straßen heimkehren." 12 Seht, von weit-
her strömen sie herbei, vom Norden kommen sie und vom Westen, auch
aus Ägypten. 13 Himmel und Erde, jubelt, ihr Berge, brecht in Freuden-
schreie aus! Denn der Herr hat sein Volk getröstet. Voll Erbarmen nimmt
er sich der leidenden Menschen an.

Bibelgespräch

30–45 Minuten
Wählen Sie ggf. unter den Fragen aus.

1. Man könnte vermuten, dass der Prophet von sich selbst oder von Israel (V. 3) redet. Wo zeigt sich die wahre Gestalt des Boten?
2. Gibt es Ähnlichkeiten zwischen Wesen und Werk des Boten und dem des Immanuel aus Jesaja 7–11?
3. Klingt V. 4 nicht zu frustriert für einen Boten Gottes? Steht vollkommener „Glaube" nicht über solchen Gefühlen? Inwiefern ist der Bote hier ein Vorbild, inwiefern ein Trost (Hebr 4,15)?
4. Wie kann das Neue Testament die Verheißung, Licht zu sein, auf einzelne Christen übertragen (Lk 2,32 – Joh 8,12 – Mt 5,14 – Apg 1,8 – Apg 13,47)?
5. Das Licht befreit Gefangene aus der Dunkelheit. Gibt es Hinweise im Text, an welche Form von „Gefangenschaft" hier gedacht ist?
6. Das Licht befreit nicht nur, sondern führt den ganzen weiten Weg zurück „zu ihm" (V. 5). Welche Hilfe bietet es nach V. 9-11 auf dem Weg?
7. Wie in Jesaja 1,2 werden Himmel und Erde zu Zeugen herangerufen. Welche „unglaublichen" Ereignisse werden an diesen beiden Stellen geschildert?

Austausch
15–30 Minuten

Wählen Sie ggf. unter den Fragen aus. Sie können das Gespräch mit einem gemeinsamen Gebet abschließen, in dem Sie auf mögliche Fragen und Anliegen Bezug nehmen, die im Gespräch deutlich geworden sind. Fragen, die nicht in der Gruppe thematisiert werden, können Ihnen auch als Anstoß dienen, zu Hause den Text vertiefend zu betrachten.

1. Paulus überträgt die Verheißungen aus V. 8 in 2. Korinther 6,2 auf die Nachfolger des Lichts: „Denn Gott hat gesagt: ‚Ich will dein Gebet erhören. Es wird eine Zeit der Gnade für dich geben, einen Tag, an dem du meine Hilfe erfährst!' Genau diese Zeit ist jetzt da, der Tag der Rettung ist nun gekommen." Inwiefern erleben Sie Auswirkungen dieser Verheißungen in Ihrem Leben?

2. Der griechische Philosoph Plato (ca. 427–347 v. Chr.) gibt in seinem „Höhlengleichnis" zu bedenken, dass die Menschen in der Finsternis (vgl. V. 9) möglicherweise gar nicht an das Licht kommen wollen. Wer sie dazu einlädt, erfährt Unglaube, Spott und Verfolgung. Welche Erfahrungen haben Sie gemacht, wenn Sie im Licht leben?

Erläuterungen

V. 1. Hört mir zu, ihr Bewohner der Inseln und ihr Völker in der Ferne! Schon vor meiner Geburt hat der Herr mich in seinen Dienst gerufen. Als ich noch im Mutterleib war, hat er meinen Namen genannt. Jesaja 49,1-6 wird traditionell neben Jesaja 42,1-4; 50,4-9 und 52,13–53,12 als zweites „Gottesknechtslied" bezeichnet, doch bildet der vorliegende Abschnitt bis V. 13 eine größere Einheit. Man könnte zunächst vermuten, dass der Prophet Jesaja hier von sich selbst spricht. Doch ist es bei Jesaja wichtig, mit dem äthiopischen Hofbeamten, den Philippus in der Wüste trifft, zu fragen: „Von wem spricht hier der Prophet? Von sich selbst oder von einem anderen?" (Apg 8,34). In Vers 3 wird der Redende mit „Israel" angesprochen. Ist es das ganze Volk? Erst Vers 5 macht deutlich, dass hier mehr gemeint ist, denn Israel kann sich nicht selbst sammeln, auch kann dies kein Prophet tun. Der Hinweis auf die Benennung im Mutterleib erinnert bereits hier an den Immanuel in Jesaja 7,14.

V. 2. Er hat mir Worte in den Mund gelegt, die durchdringen wie ein scharfes Schwert. Schützend hält er seine Hand über mir. Er hat mich zu einem spitzen Pfeil gemacht und mich griffbereit in seinen Köcher gesteckt. Die wirkmächtigen Worte, wie ein scharfes Schwert, erinnern an die Macht der Worte des Messias in Jesaja 11,4. Der Knecht ist fähig und bereit, Gottes Willen sofort auszuführen.

V. 3. Er hat zu mir gesagt: „Israel, du bist mein Bote. An dir will ich meine Herrlichkeit zeigen." Der Name **Israel** ist eigentlich ein Personenname, der zweite Name Jakobs (1 Mo 35,10). Nun wird er wieder einer Person zugeteilt. Diese Person soll den Auftrag des Volkes Israel stellvertretend erfüllen. Was ist dieser Auftrag? Israel soll Gottes Größe vor den Völkern bezeugen. Doch Gott bescheinigt dem Volk: „Wenn je ein Volk blind war, dann mein Volk Israel. Gibt es überhaupt einen, der so taub ist wie mein Volk, das ich als meinen Boten senden will?" (Jes 42,19). Erst das Werk des stellvertretenden Knechts, hier als Bote übersetzt, verwandelt das blinde und taube Knecht-Volk in fähige und brauchbare Knechte. Nach Jesaja 53,11 wird das Wort „Knecht" wieder auf Israel bezogen, dann jedoch in der Mehrzahl „Knechte" und in positivem Sinn (vgl. 56,6; 65,9-15).

V. 4. Ich aber dachte: „Vergeblich habe ich mich abgemüht, für nichts und wieder nichts meine Kraft vergeudet. Dennoch weiß ich, dass der Herr für mein Recht sorgt, von ihm, meinem Gott, erhalte ich meinen Lohn." – **Er hat zu mir gesagt** (V. 3) und **Ich aber dachte** bilden einen Kontrast. Bereits Jesaja 7–11 zeigt, wie der herrliche Messias in der Schwachheit eines verletzlichen Kindes erscheint. Gott begegnet der Überheblichkeit dieser Welt nicht mit noch größerem Hochmut, sondern in Demut und scheinbarer Schwachheit. Der Knecht kennt das frustrierende Gefühl, sich vergeblich abzumühen. Das Neue Testament deutet dies als einen Grund mehr, ihm zu vertrauen: „Und weil er selbst ein Mensch ist mit all seinen Schwächen, kann er die Menschen verstehen, die unwissend sind und Irrwege gehen" (Hebr 5,2). Das **Dennoch** betont, wie dem Gefühl von Versagen das Vertrauen auf Gott entgegengestellt wird. Beides ist Teil des Glaubenslebens in einer gefallenen Welt. Der Knecht versteht den Frust und ist gleichzeitig ein Vorbild darin, Müdigkeit und Enttäuschung zu überwinden.

V. 5. Und nun spricht der Herr zu mir. Er hat mich von Geburt an zum Dienst für sich bestimmt. Die Nachkommen Jakobs soll ich sammeln und zu ihm zurückbringen. Gott selbst hat mir diese ehrenvolle Aufgabe anvertraut, er gibt mir auch die Kraft dazu. Mag das Volk Israel in die Babylonische Gefangenschaft geraten oder später noch in die heidnische Diaspora zerstreut werden – das eigentliche Problem liegt nicht in der Distanz zum Land, sondern in der Distanz zu Gott. Zu ihm wird der Knecht sein Volk zurückführen.

V. 6. Er spricht zu mir: „Du sollst nicht nur die zwölf Stämme Israels wieder zu einem Volk vereinigen und die Überlebenden zurückbringen. Dafür allein habe ich dich nicht in meinen Dienst genommen, das wäre zu wenig. Nein – ich habe dich zum Licht für alle Völker gemacht, damit du der ganzen Welt die Rettung bringst, die von mir kommt!" Die Wiederherstellung der zwölf Stämme Israels ist Aufgabe des erwarteten Knechts. Während die Stämme des Südreiches (Juda, Benjamin und der halbe Stamm Levi) unter Esra und Nehemia nach Israel zurückkehren, bleiben die Stämme des Nordreiches in Assyrien verschollen.

Wenn sich Jesus zwölf Jünger erwählt, dann ist dies ein messianisches Zeichen. Er gründet das wiederhergestellte Zwölf-Stämme-Volk. Nicht alle Israeliten kommen hinzu, nur die Überlebenden: „Ein Überrest des Volkes, ein kleiner Rest wird zurückkehren zu seinem starken Gott" (Jes 10,21). Doch das ist nicht genug. Als Simeon das Baby Jesus im Arm hält, da bezeichnet er ihn als Licht für alle Völker (Lk 2,32), Jesus selbst bezeichnet sich später als „Licht für die Welt" (Joh 8,12). Das sagt er übrigens auch von seinen Jüngern (Mt 5,14). Was gibt ihnen die Kraft? Apostelgeschichte 1,8 greift auf den Wortlaut von Jesaja 49,6 zurück und erläutert: Der Heilige Geist des Messias wird auch sie erfüllen und ihnen die Kraft geben, Zeugen für den Messias zu sein, welcher der ganzen Welt die Rettung bringt. So können Paulus und Barnabas zuversichtlich diesen Vers auf sich selbst beziehen: „Denn der Herr hat *uns* befohlen" (Apg 13,47).

V. 7. So spricht der Herr, der Erlöser und heilige Gott Israels, zu dem, der überall verachtet ist, verabscheut von den Völkern und unterdrückt von den Herrschern dieser Welt: „Könige und Fürsten werden erkennen, dass du in meinem Auftrag handelst. Voller Ehrfurcht erheben sie sich von ihren Thronen und werfen sich vor dir nieder. Denn ich, der heilige Gott Israels, habe dich erwählt, und ich stehe treu zu dir! Gerahmt wird dieser Vers durch die Aussage, dass Gott treu zu seinem Knecht steht. Dieser ist verachtet, verabscheut und unterdrückt. Den Menschen dieser Welt erscheint er wertlos, unattraktiv und hilflos. In Gottes Sicht und durch Gottes Eingreifen geschieht eine völlige Veränderung. Er wird kostbar, begehrenswert und hochverehrt. Nicht der Knecht erkämpft sich diese Ehre (er sucht allein Gottes Ehre), sondern Gott selbst wird ihm diese Ehre zuteilwerden lassen.

V. 8. Ich verspreche dir: Ich will dein Gebet erhören. Es wird eine Zeit der Gnade für dich geben, einen Tag, an dem du meine Hilfe erfährst. Ich will dich vor Schaden bewahren und durch dich einen Bund mit meinem Volk schließen: Durch dich soll das Land Israel wieder aufgebaut werden. Du wirst die zerstörten Ländereien unter die Israeliten aufteilen. Der Knecht wird Gottes Bund in Person sein. Sein Werk wird darin bestehen, das Land aufzubauen, die Ländereien neu aufzuteilen und die Gefangenen (V. 9) zu befreien. Dies erinnert an das jüdische Jobeljahr (3 Mo 25), das alle 49 Jahre die persönlichen Verworrenheiten und Zwangslagen der Menschen ausradiert und einen grundlegenden Neuanfang ermöglicht. Jesus zitiert in seiner Predigt in Nazareth einen Abschnitt aus Jesaja 61, wo der Knecht ein Gnadenjahr des Herrn ausruft: „Er hat mich gesandt, den Armen die frohe Botschaft zu bringen. Ich rufe Freiheit aus für die Gefangenen, den Blinden sage ich, dass sie sehen werden, und den Unterdrückten, dass sie bald von jeder Gewalt befreit sein sollen. Ich rufe ihnen zu: Jetzt erlässt Gott eure Schuld" (Lk 4,18f). Das Versprechen Gottes, Gebet zu erhören, Gnade und Hilfe zu schenken, bezieht sich durch den Messias auch auf dessen Gemeinde (2 Kor 6,2).

V. 9. ... und den Gefangenen zurufen: ‚Kommt heraus aus euren dunklen Kerkern! Kommt ans Licht, ihr seid frei!' Es wird ihnen gehen wie einer Schafherde, die an den Wegen und selbst auf kahlen Hügeln Nahrung findet. Hier ist mehr im Blick als nur die Befreiung aus dem Exil. Es geht um die Befreiung aus der Gottesferne, den Kern sündhafter Verstrickung. Der Knecht wird die Gefangenen nicht allein *befreien*. Er wird sie den ganzen Weg heim zu Gott ihrem Vater führen. Das Bild des „guten Hirten" (Joh 10) beschreibt die gute *Versorgung* der Befreiten. Der folgende Vers beschreibt den *Schutz* und die *Führung* der Herde. Die Heimkehr ist nur dadurch möglich, dass er den *Weg ebnet* (V. 11).

V. 10. Sie leiden weder Hunger noch Durst, Hitze und Sonnenglut schadet ihnen nicht. Denn ich habe Erbarmen mit ihnen und führe sie zu sprudelnden Quellen. Dieser Vers greift Motive aus Psalm 23 und der Versorgung Israels durch göttliches Manna und Wasser aus dem Felsen beim Auszug aus Ägypten auf (2 Mo 13,21; 17,6).

V. 11. Auch die Berge dürfen für sie kein Hindernis sein: Ich ebne sie ein. Mein Volk soll auf gut gebauten Straßen heimkehren. Gott ist der Schöpfer der Berge, so hat er auch die Macht, sie einzuebnen. Wer meint, aus eigener Kraft unüberwindbare Hindernisse bezwingen zu müssen, unterschätzt Gottes Rettungswillen. Mein Weg mag steinig sein. Doch ist er mit viel Bedacht von Gott selbst so angelegt, dass ich es schaffen werde, auf ihm das Ziel zu erreichen. Er ist nicht härter, „als ihr es ertragen könnt" (1 Kor 10,13; vgl. Röm 8,38f; 2 Thess 3,3; 2 Tim 1,12).

V. 12. Seht, von weither strömen sie herbei, vom Norden kommen sie und vom Westen, auch aus Ägypten. Hier sind die vier Himmelsrichtungen gemeint. Die Länder des Ostens liegen jenseits der Wüste weit entfernt **(weither), Ägypten** steht für den Süden. Es gibt keine Grenze für Gottes Barmherzigkeit.

V. 13. Himmel und Erde, jubelt, ihr Berge, brecht in Freudenschreie aus! Denn der Herr hat sein Volk getröstet. Voll Erbarmen nimmt er sich der leidenden Menschen an. Das Buch Jesaja beginnt mit der „himmelschreienden" Uneinsichtigkeit von Gottes Volk (Jes 1,2). Nun schreien die Himmel und die ganze Natur vor Freude. Gottes Erbarmen hat gesiegt. Als Richter hätte Gott eine gerechte Lösung für das Problem der Sünde finden können – die Vernichtung des unverbesserlichen Sünders. Doch er hat einen Weg gefunden, den Sünder zu erretten. Sogar den, der selbst keinen Ausweg mehr aus dem Kerker seiner Sünde findet. Gott macht dem Leiden der „hoffnungslosen Fälle" ein Ende.

4 Der Knecht des Herrn

Jesaja 52,13 – 53,12

Einstieg
15–20 Minuten
Wählen Sie bitte eine oder zwei Fragen aus.

1. Was ist für Sie der größte persönliche Gewinn durch den Glauben (abgesehen von einer persönlichen Beziehung zu Jesus und der Hoffnung auf den Himmel)?

2. Es gibt viele Belastungen in einem Leben: Schuld, Zwänge, Ängste, Erinnerungen, Krankheiten und so weiter. Ändert sich mit der Bekehrung eines Menschen alles? Welche Erfahrungen haben Sie selbst gemacht – was wurde durch den Glauben für Sie anders?

Der leidende Diener Gottes

52[13] So spricht der Herr: „Mein Bote wird seine Aufgabe erfüllen. Er wird eine überragende Stellung erlangen und hoch geehrt sein. [14] Viele waren entsetzt, als sie ihn sahen. Denn in der Tat: Er war völlig entstellt und kaum mehr als Mensch zu erkennen. [15] Dann aber werden viele Völker über ihn staunen, sprachlos werden die Könige dastehen. Gerade die sollen ihn sehen, denen er nicht angekündigt war, und die noch nichts von ihm gehört haben, werden ihn begreifen!“

53 [1] Doch wer glaubt schon unserer Botschaft? Wer erkennt, dass Gott es ist, der diese mächtigen Taten vollbringt? [2] Der Herr ließ seinen Boten emporwachsen wie einen jungen Trieb aus trockenem Boden. Er war weder stattlich noch schön. Nein, wir fanden ihn unansehnlich, er gefiel uns nicht! [3] Er wurde verachtet, von allen gemieden. Von Krankheit und Schmerzen war er gezeichnet. Man konnte seinen Anblick kaum ertragen. Wir wollten nichts von ihm wissen, ja, wir haben ihn sogar verachtet.

[4] Dabei war es unsere Krankheit, die er auf sich nahm; er erlitt die Schmerzen, die wir hätten ertragen müssen. Wir aber dachten, diese Leiden seien Gottes gerechte Strafe für ihn. Wir glaubten, dass Gott ihn schlug und leiden ließ, weil er es verdient hatte. [5] Doch er wurde blutig geschlagen, weil wir Gott die Treue gebrochen hatten; wegen unserer Sünden wurde er durchbohrt. Er wurde für uns bestraft – und wir? Wir haben nun Frieden mit Gott! Durch seine Wunden sind wir geheilt.
[6] Wir alle irrten umher wie Schafe, die sich verlaufen haben; jeder ging seinen eigenen Weg. Der Herr aber lud alle unsere Schuld auf ihn.

[7] Er wurde misshandelt, aber er duldete es ohne ein Wort. Er war stumm wie ein Lamm, das man zur Schlachtung führt. Und wie ein Schaf, das sich nicht wehrt, wenn es geschoren wird, hat er alles widerspruchslos

ertragen. Man hörte von ihm keine Klage. 8 Er wurde verhaftet, zum
Tode verurteilt und grausam hingerichtet. Niemand glaubte, dass er noch
eine Zukunft haben würde. Man hat sein Leben auf dieser Erde ausge-
löscht. Wegen der Sünden meines Volkes wurde er zu Tode gequält!
9 Man begrub ihn bei Gottlosen, im Grab eines reichen Mannes, obwohl
er sein Leben lang kein Unrecht getan hatte. Nie kam ein betrügerisches
Wort über seine Lippen.
10 Doch es war der Wille des Herrn: Er musste leiden und blutig geschla-
gen werden. Wenn er mit seinem Leben für die Schuld der anderen be-
zahlt hat, wird er Nachkommen haben. Er wird weiterleben und den
Plan des Herrn ausführen. 11 Wenn er dieses schwere Leid durchgestan-
den hat, sieht er wieder das Licht und wird für sein Leiden belohnt. Der
Herr sagt: „Mein Bote kennt meinen Willen, er ist schuldlos und gerecht.
Aber er lässt sich für die Sünden vieler bestrafen, um sie von ihrer Schuld
zu befreien. 12 Deshalb gebe ich ihm die Ehre, die sonst nur mächtige
Herrscher erhalten. Mit großen Königen wird er sich die Beute teilen. So
wird er belohnt, weil er den Tod auf sich nahm und zu den Verbrechern
gezählt wurde. Doch er hat viele von ihren Sünden erlöst, denn er ließ
sich für ihre Verbrechen bestrafen."

Bibelgespräch

30–45 Minuten
Wählen Sie ggf. unter den Fragen aus.

1. Wem gilt das Werk des Boten (Knechts)? Wie reagieren die Menschen, zu denen er gesandt ist, auf das, was sie sehen?

2. Aus welchen Gründen (es gibt zahlreiche) wird Jesus von vielen *seiner* Zeitgenossen abgelehnt, ignoriert oder verachtet? Aus welchen Gründen lehnen ihn heute viele *unserer* Zeitgenossen ab?

3. Was sagt der Text über die Heilung von Krankheit? Gibt das Neue Testament Hinweise darauf, wie wörtlich die Aussagen verstanden werden können?

4. Was unterscheidet die Schafe in V. 6 von dem Schaf in V. 7? Was drücken die Bilder aus?

5. Was lässt sich aus der Deutung des Texts in 1. Petrus 2,21-25 lernen? Petrus beschreibt Jesus hier nicht nur als Retter, sondern auch als Vorbild. Worin sollen ihm die Christen folgen und ähnlicher werden?

6. Welchen Gewinn haben die vielen von dem Werk des Knechts im Einzelnen?

7. Lassen sich in diesem Text Details der Passionsgeschichte wiedererkennen?

8. „Nachkommen haben“ (V. 10) und „Beute teilen“ (V. 12) finden keine wörtliche Erfüllung im Neuen Testament. Wie könnte man es verstehen?

9. Was lässt sich in 3. Mose 5,14-26 über das „Schuldopfer“ lernen (s. auch den Kommentar zu V. 10).

Austausch
15–30 Minuten

Wählen Sie ggf. unter den Fragen aus. Sie können das Gespräch mit einem gemeinsamen Gebet abschließen, in dem Sie auf mögliche Fragen und Anliegen Bezug nehmen, die im Gespräch deutlich geworden sind. Fragen, die nicht in der Gruppe thematisiert werden, können Ihnen auch als Anstoß dienen, zu Hause den Text vertiefend zu betrachten.

1. Freiheit von Krankheit und Schmerzen (V. 4), Frieden mit Gott (V. 5), Freiheit von Schuld (V. 11), Erlösung von der Macht der Sünde (V. 12) – kann das in Ihrem Leben Realität werden?

2. Wenn man Sie beschuldigen würde, Christ zu sein – welche Beweise gäbe es dafür? Wird Jesus durch Ihr Leben „hoch geehrt“ (52,13)?

Erläuterungen

Die Textpassage Jesaja 52,13 bis 53,12 gliedert sich in fünf Teile à drei Verse. In den Rahmenstücken bestätigt Gott seinen Knecht. Im zweiten und dritten Teil reden „wir“, die sein Leiden verursachen. Der zweite und vierte Teil liefern die Fakten, der zentrale dritte Teil (53,4-6) deutet sie, ähnlich der abschließende fünfte Teil.

52,13. So spricht der Herr: „Mein Bote wird seine Aufgabe erfüllen. Er wird eine überragende Stellung erlangen und hoch geehrt sein. Der Knecht, hier als **Bote** übersetzt, wird seine **Aufgabe erfüllen.** Das an dieser Stelle verwendete Verb verbindet die Gedanken von Weisheit und Wirkmacht. Die Beschreibung als **überragend** und gleichzeitig **hoch geehrt** findet sich im Alten Testament nur viermal in Jesaja und nur für Gott, „der Hohe und Erhabene“ (57,15; vgl. 6,1; 33,10). Gott verleiht seinem Knecht eine göttliche Stellung. Philipper 2,8f erklärt entsprechend: „Er erniedrigte sich selbst und war Gott gehorsam bis zum Tod, ja, bis zum schändlichen Tod am Kreuz. Darum hat Gott ihn erhöht …“

V. 14. Viele waren entsetzt, als sie ihn sahen. Denn in der Tat: Er war völlig entstellt und kaum mehr als Mensch zu erkennen. Die Menschen sind schockiert und sprachlos, da der Knecht völlig anders erscheint als erwartet. Äußerlich, oberflächlich betrachtet wird er **entstellt** sein, sein eigentlicher Wert ist verborgen. Die Bezeichnung **viele** taucht in dem Abschnitt mehrfach auf. Es sind nicht „alle“, aber doch eine große Menge Menschen, die durch seinen Tod gerechtfertigt werden (53,11f).

V. 15. Dann aber werden viele Völker über ihn staunen, sprachlos werden die Könige dastehen. Gerade die sollen ihn sehen, denen er nicht angekündigt war, und die noch nichts von ihm gehört haben, werden ihn begreifen!“ Es sind **viele** – nicht nur Juden, sondern auch fremde **Völker,** die das Werk des Boten betrifft. Das Wort **staunen** wird in Luther- und Elberfelder Bibel mit „besprengen“ übersetzt. Dann wäre an die Reinigung durch Blut gedacht, wie in 3. Mose 16,14f. Allerdings passt die Übersetzung „staunen“ hier wesentlich besser in den Zusammenhang. **Gerade die.** Fremde, die die alttestamentlichen Verheißungen nicht kennen, werden sein Werk verstehen und annehmen. Der Evangelist Paulus begründet darin das Prinzip der Neulandmission: „Dabei war es mein großes Anliegen, nur dort zu predigen, wo man noch nichts von Jesus Christus gehört hatte“ (Röm 15,20).

53,1. Doch wer glaubt schon unserer Botschaft? Wer erkennt, dass Gott es ist, der diese mächtigen Taten vollbringt? Zwei Dinge bezeugen den Knecht: Die **Botschaft** der Propheten über ihn (bis hin zu Johannes dem Täufer,

Joh 5,33). Jesus sagt über die Heilige Schrift mit ihren Verheißungen: „Und tatsächlich weist sie auf mich hin" (Joh 5,39). Dann „die **Taten** nämlich, die ich im Auftrag meines Vaters vollbringe" (Joh 5,36). Wie Paulus (Röm 10,16) so beklagt auch Johannes die Ablehnung eines so offensichtlichen Zeugnisses durch die Juden: „Trotz aller Wunder, die er getan hatte, glaubten die Menschen nicht an ihn. So sollte sich erfüllen, was der Prophet Jesaja vorhergesagt hatte ..." (Joh 12,37f).

V. 2. Der Herr ließ seinen Boten emporwachsen wie einen jungen Trieb aus trockenem Boden. Er war weder stattlich noch schön. Nein, wir fanden ihn unansehnlich, er gefiel uns nicht! Ein drittes Zeugnis ist **er** selbst, seine Person. **Wir** bezeichnet hier gewiss die Nation Israel. Jesus mag vielleicht nicht nach ihrer Pfeife „tanzen" (Lk 7,32); aber der nächste Abschnitt (V. 4-6) stellt die Frage, ob sie überhaupt in der Position sind, die Nase über ihn zu rümpfen. Der **Trieb** aus trockenem Boden verbildlicht die Schwäche seines Lebens, erinnert jedoch auch an den „Trieb aus der Wurzel Davids" als Bild für den Messias aus Jesaja 11,10.

V. 3. Er wurde verachtet, von allen gemieden. Von Krankheit und Schmerzen war er gezeichnet. Man konnte seinen Anblick kaum ertragen. Wir wollten nichts von ihm wissen, ja, wir haben ihn sogar verachtet. **Verachtet** (Mk 9,12) meint nicht, dass die Menschen sich ernsthaft mit ihm auseinandersetzen und ihn dann bewusst ablehnen. Vielmehr halten sie ihn für so unwichtig, dass sie ihn einfach achtlos beiseitefegen. Die Beschreibung deutet weniger auf eine chronische **Krankheit** hin, als darauf, dass er von den Menschen wie ein von Gott Gestrafter **verachtet** und **gemieden** wird. Der Zustand erinnert an Jesaja 1,4f: „Wie viel Schuld habt ihr auf euch geladen! ... Ihr seid doch schon an Leib und Seele krank!" Die Sünde macht ihn innerlich und äußerlich kaputt. Der nächste Abschnitt stellt die überraschende Frage: Wessen Sünde? (vgl. Joh 9,2).

V. 4. Dabei war es unsere Krankheit, die er auf sich nahm; er erlitt die Schmerzen, die wir hätten ertragen müssen. Wir aber dachten, diese Leiden seien Gottes gerechte Strafe für ihn. Wir glaubten, dass Gott ihn schlug und leiden ließ, weil er es verdient hatte. In diesem Vers beginnt die Erklärung des Geheimnisses: Der Knecht handelt nach dem Prinzip der *Stellvertretung*. Das Matthäusevangelium deutet die **Krankheit** hier sehr wörtlich: Durch Jesus wurden „alle Kranken geheilt. Dies geschah, damit sich die Vorhersage des Propheten Jesaja erfüllte ..." (Mt 8,16f). Nimmt Jesus auch heute *alle* Krankheit von mir? Ja, doch der Zeitpunkt liegt in seiner Hand. Bis zum Ende wird alles Leid aufhören (Offb 21,4).

V. 5. Doch er wurde blutig geschlagen, weil wir Gott die Treue gebrochen hatten; wegen unserer Sünden wurde er durchbohrt. Er wurde für uns bestraft – und wir? Wir haben nun Frieden mit Gott! Durch seine Wunden sind wir geheilt. Die Ausdrücke **blutig geschlagen** und **durchbohrt** deuten bereits den Tod des Knechts an (V. 8). Seine *Lebenshingabe* bewirkt *Schuldübernahme*. Selbst den heiligen Menschen Mose und Paulus schlägt Gott eine solche Möglichkeit ab (2 Mo 32,32f; Röm 9,3): Kein Mensch, „niemand kann für das Leben seines Freundes bezahlen, niemand kann ihn bei Gott vom Tod freikaufen" (Ps 49,8). Wer ist dann aber der Knecht, der solches vermag? Der Tod des Knechts **wegen unserer Sünden** ist für Paulus „das Wichtigste, und so steht es schon in der Heiligen Schrift" (1 Kor 15,3; vgl. Röm 4,25). Der **Friede,** Schalom, ganzheitliches Wohlergehen bedeutet ein Ende der **Sünden,** der gestörten Beziehung mit Gott. Der Knecht heilt auch die Folgen dieser Sünden, die Jesaja 1,5-7 plastisch beschreibt.

V. 6. Wir alle irrten umher wie Schafe, die sich verlaufen haben; jeder ging seinen eigenen Weg. Der Herr aber lud alle unsere Schuld auf ihn. **Schafe** sind sich der Folgen ihrer Entscheidungen selten wirklich bewusst. Auch sind sie hilflos, mit diesen Folgen umzugehen. Das Volk Israel wird mit einer Schafherde verglichen. Das doppelte **alle** betont, dass hier niemand ausgenommen ist. Der Knecht trägt die Folgen ihrer Fehlentscheidungen.

V. 7. Er wurde misshandelt, aber er duldete es ohne ein Wort. Er war stumm wie ein Lamm, das man zur Schlachtung führt. Und wie ein Schaf, das sich nicht wehrt, wenn es geschoren wird, hat er alles widerspruchslos ertragen. Man hörte von ihm keine Klage. Das Bild der Schafe wird fortgeführt. Doch ist der Knecht nicht der Schäferhund, sondern ebenfalls ein Schaf. Der Vergleichspunkt an dieser Stelle ist nicht das Verirren wie in V. 6, sondern das **widerspruchslose** Erdulden. Es ist kaum vermeidbar, hier nicht an ein Opfer-**Lamm** zu denken. So beschreibt Johannes der Täufer den Messias, als er ihn kommen sieht: „Seht, das ist Gottes Opferlamm, das die Sünde aller Menschen wegnimmt" (Joh 1,29). Auch Philippus kann mit dieser Stelle dem äthiopischen Hofbeamten das Evangelium erklären (Apg 8,32-35). Dass der Knecht den verirrten Schafen zum Opferlamm wird, greift 1. Petrus 2,21-25 auf. Für Petrus ist Jesus hier nicht nur Retter, sondern auch Vorbild: „Denn auch Christus hat für euch gelitten, und er hat euch ein Beispiel gegeben, dem ihr folgen sollt ..."

V. 8. Er wurde verhaftet, zum Tode verurteilt und grausam hingerichtet. Niemand glaubte, dass er noch eine Zukunft haben würde. Man hat sein Leben auf dieser Erde ausgelöscht. Wegen der Sünden meines Volkes wurde er zu Tode gequält! Die Art und Weise, wie der Knecht **verurteilt** wird, ist ungerecht und **grausam.** Zwar beruht der Prozess gegen Jesus auf „falschen Aussagen" (Mt 26,59). Doch ist dies nur ein Grund, nicht jedoch die Ursache seines Todes. Jesaja nennt als Grund die **Sünden meines Volkes,** die zu dem ungerechten Tod des Knechtes führen.

V. 9. Man begrub ihn bei Gottlosen, im Grab eines reichen Mannes, obwohl er sein Leben lang kein Unrecht getan hatte. Nie kam ein betrügerisches Wort über seine Lippen. Das **Wort** des Knechts schließt den Bogen zum Beginn des Abschnitts in V. 7. Dort betont es seine Unterordnung unter

Gottes Plan, hier seine Unschuld während dessen Ausführung: „der ohne jede Sünde war, mit all unserer Schuld beladen und verurteilt" (2 Kor 5,21). Joseph von Arimathäa, der Besitzer des Grabes von Jesus, ist als „ein geachtetes Mitglied des Hohen Rates" (Mk 15,42) ein **reicher Mann.** Er selbst wird nicht als **Gottloser** dargestellt, andere jüdische Führer, möglicherweise Besitzer umliegender Gräber, dagegen schon.

V. 10. Doch es war der Wille des Herrn: Er musste leiden und blutig geschlagen werden. Wenn er mit seinem Leben für die Schuld der anderen bezahlt hat, wird er Nachkommen haben. Er wird weiterleben und den Plan des Herrn ausführen. Mag man bisher zwar froh sein, dass es jemanden gibt, der von Sünde befreit, so bleibt die Frage offen, wo Gott angesichts einer so himmelschreienden Ungerechtigkeit bleibt. Die Antwort ist: Das Leiden des Gottesknechts ist kein Unfall der Geschichte, sondern Gott hat alles in der Hand. Und er wird dafür sorgen, dass der Knecht gesegnet wird. **Nachkommen**, ein langes **Leben** und ein erfülltes Leben **(den Plan des Herrn ausführen)** sind sichtbare Zeichen eines solchen Segens. Muss er dazu aber nicht erst von den Toten auferstehen? Wie wörtlich man sich eine Erfüllung vorstellen kann, bleibt hier noch unklar. Die Bezahlung **für die Schuld der anderen** wird im hebräischen Text als „Schuldopfer" bezeichnet, der einzige direkte Hinweis in diesem Kapitel auf das Opfersystem. Den Angaben von 3. Mose 5,14-26 zufolge dient das Schuldopfer der Wiederherstellung und Entschädigung von etwas, was durch die Sünde zerstört worden ist. Den Gedanken der Hingabe des **Lebens** greift Jesus in dem sogenannten Lösegeldwort auf: „Er kam, um zu dienen und sein Leben hinzugeben, damit viele Menschen aus der Gewalt des Bösen befreit werden" (Mk 10,45).

V. 11. Wenn er dieses schwere Leid durchgestanden hat, sieht er wieder das Licht und wird für sein Leiden belohnt. Der Herr sagt: „Mein Bote kennt meinen Willen, er ist schuldlos und gerecht. Aber er lässt sich für die Sünden vieler bestrafen, um sie von ihrer Schuld zu befreien." Kaum ein Vers in der Bibel erklärt deutlicher, wie „Sühne" bewirkt werden kann. Der Knecht lädt sich die **Sünden vieler** selbst auf, **um sie von ihrer Schuld zu befreien**, um ihnen, so wörtlich, „zur Gerechtigkeit zu verhelfen". Gerecht zu sein beschreibt eine schuldfreie, unbelastete Beziehung zu Gott. Ein Schuldloser stirbt stellvertretend für die Schuldigen. Ein Gerechter bewirkt dadurch die Gerechtigkeit von vielen. Dieser Gedanke der Rechtfertigung beschreibt auch für Paulus, was der Tod von Jesus für Sünder bewirkt: „Denn Gott hat Christus, der ohne jede Sünde war, mit all unserer Schuld beladen und verurteilt, damit wir freigesprochen sind" (2 Kor 5,21; vgl. Röm 4,25).

V. 12. Deshalb gebe ich ihm die Ehre, die sonst nur mächtige Herrscher erhalten. Mit großen Königen wird er sich die Beute teilen. So wird er belohnt, weil er den Tod auf sich nahm und zu den Verbrechern gezählt wurde. Doch er hat viele von ihren Sünden erlöst, denn er ließ sich für ihre Verbrechen bestrafen. Der Lohn des Knechts gleicht dem Verteilen von **Beute** nach einem überragenden Sieg. Es bleibt unklar, wie dies konkret aussehen wird. Handelt es sich um geistliche Früchte, welche er an königliche Gefolgsleute austeilt? Die Lutherbibel folgt der griechischen Übersetzung des Alten Testaments und deutet die Könige selbst als Beute des Knechts. Deutlich ist nur, dass der Knecht nach seinem Sieg etwas sehr Wertvolles errungen hat. Er ist *mit* den **Verbrechern** gestorben, doch nicht *als* Verbrecher, sondern *für* die Verbrecher. Hier steht der Gedanke der Mittlerschaft im Hintergrund, durch sein Werk, aber möglicherweise auch durch Fürbitte. Das Neue Testament berichtet von der Fürbitte Jesu für seine Mörder am Kreuz (Lk 23,34). Dass Jesus und seine Jünger im Garten Gethsemane bewaffnet angetroffen werden, mag die Umstände der Verhaftung von Jesus erleichtert haben. Ihm ist es aufgrund von Jesaja 53,12 wichtig, **zu den Verbrechern gezählt** zu werden (Lk 22,36f). In Galater 2,20 knüpft Paulus an die hier beschriebene Lebenshingabe des Knechts an und beschreibt seinen Messias als den „Sohn Gottes, der mich geliebt und sein Leben für mich gegeben hat". Das, was den **vielen** gilt, das gilt durch Jesus Christus auch mir persönlich.

5 Der gute Hirte

Hesekiel 34,11-24

Einstieg
15–20 Minuten
Wählen Sie bitte eine oder zwei Fragen aus.

1. Wie stellen Sie sich einen idealen Herrscher oder einen idealen Politiker vor?

2. Gibt es Menschen, um die Sie sich sorgen und kümmern? Was ist Ihnen dabei am wichtigsten? Was motiviert Sie dazu?

3. Was löst der Anblick einer Schafherde in Ihnen aus?

Gott als guter Hirte

11 So spricht Gott, der Herr: „Von nun an will ich mich selbst um meine
Schafe kümmern und für sie sorgen. 12 Wie ein Hirte seine Herde zusam-
menbringt, die sich in alle Richtungen zerstreut hat, so werde auch ich
meine Schafe wieder sammeln. Von überall her hole ich sie zurück, von
allen Orten, wohin sie an jenem dunklen, schrecklichen Tag vertrieben
wurden. 13 Aus fremden Völkern und Ländern führe ich sie heraus und
bringe sie wieder in ihr Land. Dort lasse ich sie weiden, in den Bergen, an
den Flüssen und in den Tälern. 14 Ja, ich gebe ihnen gute und saftige
Weideplätze in den Bergen Israels. 15 Ich selbst werde ihr Hirte sein, da-
mit sie in Ruhe und Sicherheit leben können. Das verspreche ich, der
Herr.

16 Ich suche die verloren gegangenen Schafe und bringe alle zurück, die
sich von der Herde entfernt haben. Wenn sich eines der Tiere ein Bein
bricht, will ich es verbinden, und die kranken pflege ich gesund. Die
fetten und starken Tiere aber lasse ich nicht aus den Augen! Denn ich bin
ein Hirte, der gut und gerecht mit den Schafen umgeht.

17 Ihr Israeliten – ihr seid meine Schafe, und ich, der Herr, werde von nun
an dafür sorgen, dass jeder gerecht behandelt wird. Zu den starken Bö-
cken sage ich: 18 Ist es euch noch nicht genug, dass ihr die guten Weide-
plätze abgrast und als Erste das klare Wasser trinkt? Müsst ihr auch noch
den Rest der Wiese zertrampeln und im Wasser mit euren Hufen den
Schlamm aufwühlen? 19 Sollen die Schafe etwa das Gras fressen, das ihr
zertrampelt habt? Sollen sie von dem verschmutzten Wasser trinken?

20 Ich, der Herr, bin ein gerechter Hirte, ich richte zwischen euch starken
und den schwachen Schafen. 21 Ihr habt die Schwachen mit euren Schul-
tern von der Weide gedrängt und sie mit euren Hörnern von der Herde
weggetrieben. 22 Doch ich rette meine Schafe vor euch und eurer rohen
Gewalt. Jedes meiner Schafe wird gerecht von mir behandelt. 23 Ich will

meiner Herde einen einzigen Hirten geben. Er wird sie auf die Weide führen und für sie sorgen wie früher mein Diener David. [24] Ich, der Herr, werde ihr Gott sein, und der Mann, der meinem Diener David gleicht, wird ihr König sein. Darauf gebe ich mein Wort."

Bibelgespräch

30–45 Minuten
Wählen Sie ggf. unter den Fragen aus.

1. Wann redet man landläufig davon, dass ein Mensch „verloren" ist? Welche Wege gibt es, ihn oder sie zu „sammeln"?

2. Was verändert sich bei einer schwierigen Situation, wenn Gottes Gegenwart in den Mittelpunkt rückt? Wie kann dies praktisch geschehen?

3. Welche sechs „Typen" von Schaf nennt Vers 16? Was ist jeweils ihre Schwäche? Wie überwindet der gute Hirte diese?

4. Welches Verhalten ist Ihnen aus dem eigenen Leben oder dem Leben anderer bekannt? Gibt es „Schafe", zu denen Sie der gute Hirte sendet, um ihnen zu helfen?

5. Mit welchem Verhalten fügen die Böcke sich selbst und anderen Schaden zu?

6. Wie ändert Gott die Regeln der Gemeinschaft, um dem zerstörerischen Verhalten in der Zukunft vorzubeugen?

7. Was lässt sich über das Wesen des neuen David (vgl. V. 23f.) lernen, wenn er Gottes Plan (V. 11-22) ausführt? Setzt Jesus einige dieser Werte bereits während seines irdischen Lebens um?

Austausch

15–30 Minuten

Wählen Sie ggf. unter den Fragen aus. Sie können das Gespräch mit einem gemeinsamen Gebet abschließen, in dem Sie auf mögliche Fragen und Anliegen Bezug nehmen, die im Gespräch deutlich geworden sind. Fragen, die nicht in der Gruppe thematisiert werden, können Ihnen auch als Anstoß dienen, zu Hause den Text vertiefend zu betrachten.

1. Wo greift das Neue Testament das Bild von Hirte und Herde auf? (Mt 9,36; 25,32; 26,31; Lk 12,32; 15,4-7 [dazu kommen jeweils Paralleltexte aus den anderen Evangelien]; Joh 10; 21,15-17; Apg 20,28; 1 Petr 2,25; 5,1-4).

2. In 1. Korinther 8 und Römer 14 redet Paulus von Starken und Schwachen in der Gemeinde. Worauf müssen die „fetten und starken Tiere" (Hes 34,16) achten? Wie kann ihre Stärke schaden, wie kann sie der Gemeinde nutzen?

3. An saftigen Weideplätzen (V. 14): Nicht jede Blume gedeiht an jedem Ort, selbst wenn sie gut gegossen wird. Welcher Platz, ganz konkret, ist notwendig, damit Sie Wachstum erleben? Was ist Ihr nächster Schritt, um an diesen Platz zu gelangen?

Erläuterungen

V. 11. So spricht Gott, der Herr: „Von nun an will ich mich selbst um meine Schafe kümmern und für sie sorgen." Anhand des Bildes von Hirte und Herde beschreibt Hesekiel 34 zwei gegensätzliche Arten, ein Volk zu leiten: die schlechte Herrschaft der Könige Israels (V. 2-10) und die gute Herrschaft Gottes. Beschrieben wird hier zunächst der Charakter seiner Herrschaft (V. 11-22), dann das Instrument, sein verheißener König und Bund (V. 23-31). Das Bild des Hirten für den Leiter oder König, auch Gott als Hirte, lässt sich (neben außerbiblischen Belegen) zurückführen bis auf die Thora (1 Mo 49,24; 4 Mo 27,17). Hesekiel bezieht sich sehr stark auf die Prophetie seines Zeitgenossen Jeremia (23,1-6). Vers 11 betont mit dem **ich ... selbst** die Gegenwart Gottes, die alle Umstände auf den Kopf stellt. Er wird für seine Schafe **sorgen**, hier geht es um eine sorgfältige Untersuchung der körperlichen Beschaffenheit jedes einzelnen Schafes.

V. 12. Wie ein Hirte ... werde ... ich meine Schafe wieder sammeln ... von allen Orten, wohin sie an jenem dunklen, schrecklichen Tag vertrieben wurden. Der Prophet Hesekiel befindet sich mit der judäischen Bevölkerung im Babylonischen Exil. Es entsteht die Hoffnung auf eine Rückführung des Volkes, wie sie sich später unter Esra und Nehemia erfüllt. Doch ist das **Sammeln** mit einem Ortswechsel erledigt? Auch als Jesus das ja inzwischen zurückgekehrte Volk sieht, „hatte er großes Mitleid mit ihnen. Sie waren hilflos und verängstigt wie eine Schafherde ohne Hirte" (Mt 9,36).

V. 13. Aus fremden Völkern und Ländern führe ich sie heraus ... Gott definiert sich selbst als der Retter aus Ägypten (2 Mo 20,2). Kein Ort ist zu fern, keine Macht ist zu groß, als dass Gott daraus nicht befreien könnte.

V. 14. Ja, ich gebe ihnen gute und saftige Weideplätze in den Bergen Israels. Wer im Leben kaum Wachstum erlebt, mag dazu tendieren, die Schuld bei sich selbst oder in Gottes Charakter zu suchen. Vielleicht liegt es jedoch einfach daran, dass man nicht an dem **Platz** arbeitet, an dem Wachstum möglich ist.

V. 15. Ich selbst werde ihr Hirte sein, damit sie in Ruhe und Sicherheit leben können. Das verspreche ich, der Herr. Aus Perspektive der Schafe bedeutet Gottes Versorgung **Ruhe und Sicherheit.** Sie müssen nicht nervös herumtänzeln, sondern können sich gelassen und vertrauensvoll hinlegen. Gott bürgt mit seinem Wort dafür, darauf können sie sich verlassen.

V. 16. Ich suche die verloren gegangenen Schafe und bringe alle zurück, die sich von der Herde entfernt haben. Wenn sich eines der Tiere ein Bein bricht, will ich es verbinden, und die kranken pflege ich gesund. Die fetten und starken Tiere aber lasse ich nicht aus den Augen! Denn ich bin ein Hirte, der gut und gerecht mit den Schafen umgeht. Nicht eine pauschale Rückführung der gesamten Herde aus dem Exil, sondern das *einzelne* Schaf steht hier im Vordergrund. Hier ist ein Hirte beschrieben, der die „neunundneunzig in den Bergen zurücklässt, um das verirrte zu suchen" (Mt 18,12). – Schafe in sechs verschiedenen Schwierigkeiten begegnen in diesem Vers ähnlich wie bereits in V. 4: (1) Das **verloren gegangene** Schaf ist spurlos verschwunden. Niemand vermisst es, man lebt auch so gut weiter. Der Hirte zieht los und sucht es. (2) Ein anderes Schaf **entfernt** sich von der Herde. Es ist weggetrieben, ausgestoßen worden, möglicherweise grundlos verschreckt, möglicherweise bewusst abgelehnt (V. 21). In der Wüste und an giftigen Quellen wird es zugrunde gehen. Der Hirte führt es zurück. (3) Wenn sich ein Tier ein **Bein bricht,** wird es normalerweise getötet, um ihm das Leid und sich selbst die Mühe zu ersparen. Der gute Hirte dagegen gibt das Verwundete nicht auf. Sein Verband bringt Heilung. (4) Das **kranke** oder schwache Schaf erfährt durch den Hirten Pflege und Stärkung. (5) Auch das **fette** Tier steckt in Schwierigkeiten, wenn es seinen Reichtum auf Kosten der Armen erworben hat. Es wurde „gemästet am Schlachttag" (Jak 5,5; vgl. Hes 34,20). (6) Das **starke** Schaf wird an seinem Umgang mit dem schwachen Schaf gemessen werden. Auch hier kann Stärke zur Falle werden (V. 4). Gott **lässt sie nicht aus den Augen.** Es ist unklar, ob dieser Ausdruck auf ein Behüten (so Luther) oder ein Richten und Austilgen (RE) hinweist.

V. 17. Ihr Israeliten – ihr seid meine Schafe, und ich, der Herr, werde von nun an dafür sorgen, dass jeder gerecht behandelt wird. Zu den starken Böcken sage ich ... Gott wird die Herde aufteilen in gute Schafböcke und böse Ziegenböcke. Dieses Bild steht möglicherweise im Hintergrund des endzeitlichen Gerichts des Menschensohns über alle Völker: „Und er wird die Menschen in zwei Gruppen teilen, so wie ein Hirte die Schafe von den Böcken trennt" (Mt 25,32). Wie hier das Volk Israel, so werden alle Völker einmal in zwei Gruppen unterteilt werden. Nachdem Jesus sich in Johannes 10 als guten Hirten bezeichnet hat, entsteht ein „Schisma" (ein Streit) unter den Juden. Über diejenigen, die nicht auf seine Stimme hören, ergeht das Urteil: „ihr gehört nicht zu meiner Herde" (Joh 10,19.26).

V. 18. Ist es euch noch nicht genug, dass ihr die guten Weideplätze abgrast und als Erste das klare Wasser trinkt? Müsst ihr auch noch den Rest der Wiese zertrampeln und im Wasser mit euren Hufen den Schlamm aufwühlen? Der Hirte stellt eine großzügige Menge an Ressourcen zur Verfügung. Sie genügen selbst dann für alle, wenn die selbstsüchtigen Schafe für sich das Beste nehmen. Das unglaubliche Unrecht besteht nun darin, dass sie sich damit nicht zufriedengeben. Rücksichtslos oder sogar mutwillig verderben sie das, was den anderen übrig bleibt.

V. 19. Sollen die Schafe etwa das Gras fressen, das ihr zertrampelt habt? Sollen sie von dem verschmutzten Wasser trinken? Eine Anwendung des Bildes im Bereich der Wirtschafts- oder Umweltethik wäre hier durchaus denkbar. Gesamtbiblisch naheliegender ist jedoch der Bereich des Umgangs der Starken mit den Schwachen. Wer sich rücksichtslos bedient, nimmt in Kauf, dass „durch deine Erkenntnis der Schwache zugrunde gehen" wird (1 Kor 8,9; L). Wie die Böcke das Wasser mit ihren Hufen „trüben", so wird „dein Bruder wegen deiner Speise betrübt" (Röm 14,15, L; im Urtext jedoch kein Wortspiel).

V. 20. Ich, der Herr, bin ein gerechter Hirte, ich richte zwischen euch starken und den schwachen Schafen. Das betonte **ich** führt ein weiteres Mal Gottes revolutionäre Gegenwart ein (vgl. V. 11). Die Stärke, das „Ego", die „Ellbogen" des Schafs werden Gott ein Urteil ermöglichen. Das mühsam erwirtschaftete „Gold und Silber verrostet. All das wird euch anklagen. Ihr selbst werdet vergehen wie euer Reichtum" (Jak 5,3). Der Starke wird verraten sein durch seine eigene Stärke, auf die er doch eigentlich so viel Hoffnung gesetzt hat.

V. 21. Ihr habt die Schwachen mit euren Schultern von der Weide gedrängt und sie mit euren Hörnern von der Herde weggetrieben. Die „Starken" haben nicht nur die schwachen (V. 18-20), sondern auch die entfernten Schafe auf dem Gewissen. Sie haben nicht in ihre Gruppe gepasst, sie waren zu unsympathisch. Sie haben sich mit ihrer Kraft nicht darum bemüht, sie anzunehmen (Röm 14,1), sondern sie stattdessen von der Herde getrennt und damit schutzlos gemacht.

V. 22. Doch ich rette meine Schafe vor euch und eurer rohen Gewalt. Jedes meiner Schafe wird gerecht von mir behandelt. Der gute Hirte schickt das versprengte Schaf nicht einfach nur neu ins Rennen. Er ändert die Regeln des Rennens. Es wird keine rohe Gewalt mehr geben. Die Formulierung **gerecht behandelt** hier und in V. 17 bildet den Rahmen um diesen Abschnitt.

V. 23. Ich will meiner Herde einen einzigen Hirten geben. Er wird sie auf die Weide führen und für sie sorgen wie früher mein Diener David. Das Wort für **geben**, wörtlich „erwecken, erstehen lassen", erinnert an die Erweckung des Propheten wie Mose (5 Mo 18,15) und des Nachkommens von David (2 Sam 7,12). Gott wird einen königlichen Hirten entstehen lassen und bevollmächtigen. Um Unklarheiten in Bezug auf das Verständnis von Jeremia 23,4f vorzubeugen – („Ich werde Hirten über sie einsetzen, die sie auf gute Weide führen. Dann werden sie sich nicht mehr fürchten und keine Angst mehr haben, niemand von ihnen geht verloren. Das verspreche ich, der Herr. Es kommt der Tag, an dem ich einen Nachkommen Davids zum König mache, den man wirklich als gerecht bezeichnen kann. Er wird weise regieren und in seinem Land für Recht und Gerechtigkeit sorgen.") –, betont Hesekiel, dass es sich am Ende um eine **einzige** Person handelt. Diese Person wird die Herde **auf die Weide führen,** also das soeben ausführlich beschriebene Werk Gottes durchführen. **David** wird von Gott regelmäßig als **mein Diener** bezeichnet. Mit Gott als gutem Herrn verbinden sich in diesem Verhältnis vor allem Zugehörigkeit und Geborgenheit.

V. 24. Ich, der Herr, werde ihr Gott sein, und der Mann, der meinem Diener David gleicht, wird ihr König sein. Darauf gebe ich mein Wort. Hesekiel verwendet hier nicht die übliche Bezeichnung für **König,** sondern nennt David wörtlich einen „Fürsten unter ihnen". Er wird nicht wie die üblichen Könige enttäuschen und sich „erheben über seine Brüder" (5 Mo 17,20; L). Nein, er wird ganz nah bei den Menschen sein und Gottes Gegenwart mitten unter seinem Volk verkörpern. So greift dieser Vers zwei alte Bundesverheißungen auf: Gott wird **ihr Gott sein** und Gott wird bei ihnen sein (1 Mo 17,8; 2 Mo 29,45f).

6 Gott selbst

Maleachi 2,17–3,5; 3,13-24

Einstieg
15–20 Minuten
Wählen Sie bitte eine oder zwei Fragen aus.

1. Welche Frage würden Sie Gott gern stellen, wenn Ihnen ein Telefonanruf in den Himmel möglich wäre?

2. Wenn Gott Ihre Gemeinde besuchen würde, welche Frage würde er Ihnen vielleicht stellen?

3. Was löst der Gedanke an das Gericht Gottes in Ihnen aus?

Gott klagt an und greift ein

Das Ende des Alten Testaments berichtet von einem Neuanfang in Jerusalem nach der Zerstörung von Stadt und Tempel. Der Anfang ist nicht leicht, Entmutigung, Nachlässigkeit und Kompromisse halten Einzug. Der Prophet Maleachi klagt die Missstände an. Gott selbst wird kommen und eingreifen:

2 17 Euer Gerede wird dem Herrn lästig. „Was für ein Gerede?", fragt ihr.
Nun, ihr behauptet: „Wer Unrecht tut, gefällt dem Herrn; ihn nimmt er
an!" Oder ihr fragt: „Wo bleibt denn Gott? Warum greift er nicht ein und
sorgt für Recht?"
3 1 Der Herr, der allmächtige Gott, antwortet: „Ich schicke meinen Bo-
ten voraus, der mein Kommen ankündigt und die Menschen darauf vor-
bereitet. Noch wartet ihr auf mich, den Herrn, ihr wünscht euch meinen
Boten herbei, der meinen Bund mit euch bestätigt. Er ist schon unter-
wegs! Ganz plötzlich werde ich, der Herr, in meinen Tempel einziehen.
2 Doch wer kann mein Kommen ertragen? Wer kann vor mir bestehen?
Ich werde für euch wie Feuer im Schmelzofen sein und wie scharfe Lau-
ge im Waschtrog. 3 So wie man Gold und Silber schmilzt, um es zu
läutern, so werde ich die Nachkommen Levis von ihrer Schuld reinigen.
Dann werden sie mir wieder Opfer darbringen, die mir gefallen. 4 Ja, so
wie früher, wie in längst vergangenen Zeiten, werde ich mich wieder
über die Opfer freuen, die mir die Menschen in Juda und Jerusalem
darbringen.
5 Ich, der Herr, der allmächtige Gott, sage: Ich werde über euch Gericht
halten und als Zeuge auftreten gegen die Zauberer und Ehebrecher, ge-
gen alle, die Meineide schwören, die ihre Arbeiter um den gerechten
Lohn bringen, die Witwen, Waisen und Ausländer unterdrücken, ja, ge-
gen alle, die keine Ehrfurcht vor mir haben."
...

13 „Ihr Israeliten redet überheblich und anmaßend über mich, den Herrn.
Doch ihr fragt: ‚Was sagen wir denn über dich?‘ 14 Ihr behauptet: ‚Es
bringt nichts, Gott zu dienen. Was haben wir davon, wenn wir uns nach
seinen Weisungen richten und ihm zeigen, dass wir unsere Taten bereu-
en? 15 Wie gut haben es die Menschen, die sich gegen den Herrn aufleh-
nen! Seit sie ihm den Rücken gekehrt haben, geht es ihnen viel besser. Sie
kommen ungestraft davon, obwohl sie Gott frech die Stirn bieten!‘“
16 Dann aber redeten diejenigen miteinander, die noch Ehrfurcht vor
dem Herrn hatten, und der Herr hörte ihnen zu. In einem Buch ließ er
die Namen aller aufschreiben, die ihn achten und seinen Namen nicht in
den Schmutz ziehen. 17 Der Herr, der allmächtige Gott, sagt: „An dem
Tag, wenn ich mein Urteil spreche, werden diese Menschen zu mir gehö-
ren. Ich will sie verschonen, so wie ein Vater seinen Sohn verschont, der
zu ihm gehalten hat. 18 Dann werdet ihr den Unterschied sehen zwischen
einem Menschen, der mir die Treue hält, und einem Gottlosen; ihr wer-
det erkennen, welche Folgen es hat, ob jemand mir dient oder nicht.
19 Ja, es kommt der Tag, an dem mein Zorn wie ein Feuer im Ofen sein
wird und alle wie Stroh verbrennt, die sich frech gegen mich auflehnen.
Nichts bleibt dann mehr von ihnen übrig! Darauf gebe ich, der Herr, der
allmächtige Gott, mein Wort!
20 Für euch aber, die ihr mir die Treue gehalten habt, wird an jenem Tag
die Rettung kommen, wie am Morgen die Sonne aufgeht. Ihr werdet
endlich Hilfe finden und vor Freude springen wie Kälber, die aus dem
Stall hinaus auf die Weide dürfen! 21 An dem Tag, wenn ich Gericht halte,
werdet ihr die Gottlosen zertreten wie Staub unter euren Füßen! Das
verspreche ich, der Herr, der allmächtige Gott.
22 Denkt immer an das Gesetz meines Dieners Mose! Richtet euch nach
den Weisungen und Ordnungen, die ich ihm am Berg Horeb für das
Volk Israel gab! 23 Noch bevor der große und schreckliche Tag kommt, an
dem ich mein Urteil vollstrecke, sende ich den Propheten Elia zu euch.
24 Er wird Eltern und Kinder wieder miteinander versöhnen, damit ich
nicht das ganze Volk vernichten muss, wenn ich komme.“

Bibelgespräch

30–45 Minuten
Wählen Sie ggf. unter den Fragen aus.

1. Welche Gründe nennt Gott hier für seinen Zorn über Israel?
2. „Warum greift Gott nicht ein und sorgt für Recht?“ (2,17) Was unterscheidet eine ehrliche Frage hier von einem Vorwand? (Vgl. neben 2,17 auch 3,13-15).
3. Von welchen drei Personen spricht Maleachi 3,1 (vgl. dazu auch die Erläuterung)? Wie deuten die Evangelien diese Verheißung?

4. Wie können Opfer Gott erfreuen (V. 3.4), wenn doch im Jahr 70 n. Chr., also bald nach der Sendung der beiden in 3,1 genannten Boten, der Tempel zerstört wurde?

5. Welche Herzenshaltung steht hinter den in V. 5 genannten Sünden? Wie lassen sie sich im Einzelnen mit Habsucht in Verbindung bringen?

6. Welche Garantie haben Christen für ihre Rettung? Was deutet darauf hin, dass sie nicht von vornherein damit rechnen können, straffrei auszugehen?

7. Das Feuer der Läuterung trennt gut und schlecht. Das Feuer des Ofens vernichtet. Was wird das Feuer der Sonne, symbolisch für Gott, konkret bewirken?

8. Warum kann man Gott nicht vorwerfen, er werde sein Volk durch sein Kommen überrumpeln?

9. Mose und Elia verkörpern bei Maleachi die letzte große Mahnung der Prophetenbücher. Was lässt sich heute für unseren Umgang mit der Bibel daraus lernen?

Austausch
15–30 Minuten

Wählen Sie ggf. unter den Fragen aus. Sie können das Gespräch mit einem gemeinsamen Gebet abschließen, in dem Sie auf mögliche Fragen und Anliegen Bezug nehmen, die im Gespräch deutlich geworden sind. Fragen, die nicht in der Gruppe thematisiert werden, können Ihnen auch als Anstoß dienen, zu Hause den Text vertiefend zu betrachten.

1. „Ganz plötzlich werde ich, der Herr, in meinen Tempel einziehen." Wie konkret bestimmt die Erwartung, dass Christus wiederkommt, Ihr Leben oder das Leben Ihrer Gemeinde? Wären Sie vorbereitet, Gott selbst zu begegnen?

2. Wenn Jesus wirklich dieser wiederkommende Gott aus Maleachi ist, was lernen Sie hier über sein Wesen?

3. Es tut gut zu wissen, dass Jesus Retter und Freund ist. Er selbst kündigt darüber hinaus sein Kommen als göttlicher Richter an. Das macht vielen Menschen heute Schwierigkeiten. Warum ist es notwendig? Welche Informationen fehlen (noch), um hier Gottes Güte verstehen zu können?

4. Welches Urteil würde Gott heute über unsere Gesellschaft sprechen?

5. Wo erleben Sie die christliche Gemeinde als Anwalt für die Schwachen und Benachteiligten („Witwen und Waisen“) und für die Gerechtigkeit, die Gott verlangt?

Erläuterungen

Maleachi ist das letzte Prophetenbuch des Alten Testaments und wie Sacharja und Haggai nach dem Exil entstanden. Während sich Haggai auf den Wiederaufbau des *Tempels* und Sacharja auf den Wiederaufbau der *Stadt* konzentrieren, bemüht sich Maleachi um den Wiederaufbau des *Volkes* und ringt um dessen geistlichen Zustand. Es ist wenig bekannt über den Propheten, doch ist er wohl ein Zeitgenosse von Esra und Nehemia, die in den Jahren 458 bzw. 445 v. Chr. aus dem Exil zurückkehren. Mal 2,17–3,5 ist der vierte von sieben Hauptabschnitten des Buchs.

2,17. Euer Gerede wird dem Herrn lästig. „Was für ein Gerede?“, fragt ihr. Nun, ihr behauptet: „Wer Unrecht tut, gefällt dem Herrn; ihn nimmt er an!“ Oder ihr fragt: „Wo bleibt denn Gott? Warum greift er nicht ein und sorgt für Recht?“ Gott ist müde, er „hat es satt“, sich das **Gerede** des Volkes anhören zu müssen. **Was für ein Gerede?** Die Rückfrage des Volkes nach der Behauptung des Propheten ist typisch für den Stil von Maleachi, nun folgt das Gotteswort. Es geht um den altbekannten Vorwurf: „**Warum** lässt Gott das zu?“, doch nicht in der aufrichtigen und ehrlichen Weise eines Hiob oder Habakuk, vgl. auch Psalm 73. Der Vor*wurf* ist – wie heute oft nicht anders – nur ein Vor*wand,* eine Selbstrechtfertigung: Ist Gott (anscheinend) ungerecht, dann kann ich das auch sein.

3,1. Der Herr, der allmächtige Gott, antwortet: „Ich schicke meinen Boten voraus, der mein Kommen ankündigt und die Menschen darauf vorbereitet. Noch wartet ihr auf mich, den Herrn, ihr wünscht euch meinen Boten herbei, der meinen Bund mit euch bestätigt. Er ist schon unterwegs! Ganz plötzlich werde ich, der Herr, in meinen Tempel einziehen. „Ihr wollt Taten sehen, **wartet ... auf mich,** wünscht euch einen Gott, der durchgreift? Ihr werdet überrascht und überrumpelt sein, **ganz plötzlich** wird es geschehen.“ Und doch lässt sich Gott nicht den Vorwurf machen, sein Volk ohne Vorwarnung zu vernichten. Er schickt seinen **Boten voraus,** der ihn nicht nur **ankündigt,** sondern auch etwas mit dem Volk tut, damit es **vorbereitet** ist. Nach Matthäus 11,10 und Lukas 7,27 ist dieser Bote Johannes der Täufer. Markus 1,2f belegt eine enge Verwandtschaft zu Jesaja 40,3: „Ein Bote wird in der Wüste rufen: ‚Macht den Weg frei für den Herrn! Räumt alle Hindernisse weg!‘“ Die Erwartung, dass Gott, **der Herr** selbst **in seinen Tempel einziehen** wird, hat eine Vorgeschichte. Kurz vor dem Exil schaut der Prophet Hesekiel, wie die Herrlichkeit Gottes den Tempel nach Osten hin verlässt (10,18f; 11,23). In einer Vision des zukünftigen Tempels erwartet er eine Rückkehr Gottes zum Tempel aus dem Osten, wo die Wüste liegt: „Er kam von Osten her nach Jerusalem“ (43,2). So richten sich die Blicke voller Erwartung in die judäische Wüste, wo Johannes der Täufer später das Volk durch Buße und Taufe auf die Ankunft Gottes vorbereitet. Neben diesem Boten ist hier ein zweiter **Bote** genannt: **mein Bote, der meinen Bund mit euch bestätigt.** Dieser Bote ist parallel zu Gott genannt. Ist es ein Gerichtsengel, ein Repräsentant Gottes oder Gott selbst? Die Bestätigung des **Bundes** erinnert an die Erneuerung des Sinaibundes in Jeremia 31,33: „Der neue Bund mit dem Volk Israel wird ganz anders aussehen: Ich schreibe mein Gesetz in ihr Herz, es soll ihr ganzes Denken und Handeln bestimmen. Ich werde ihr Gott sein, und sie werden mein Volk sein.“ Das Neue Testament deutet den zweiten Boten nicht, vieles spricht jedoch dafür, dass hier der Messias gemeint ist.

V. 2. Doch wer kann mein Kommen ertragen? Wer kann vor mir bestehen? Ich werde für euch wie Feuer im Schmelzofen sein und wie scharfe Lauge im Waschtrog. Wenn die Gerechtigkeit Gottes eintrifft, deren Ausbleiben in 2,17 beklagt worden ist, wird es für das Volk unerwartet schmerzhaft. Alles Unrecht wird radikal ausgelöscht werden. Wer darauf nicht vorbereitet ist, wird kaum überleben können, schwere Verbrennungen und Verätzungen davontragen.

V. 3. So wie man Gold und Silber schmilzt, um es zu läutern, so werde ich die Nachkommen Levis von ihrer Schuld reinigen. Dann werden sie mir wieder Opfer darbringen, die mir gefallen. Der Läuterungsprozess von Silber geschieht nicht im Stillen, sondern ist begleitet von lautem Zischen und Sprudeln. Ein lautstarkes Gericht. Gott wird insbesondere **die Nachkommen Levis** und die **Opfer,** also den Tempel reinigen (vgl. die Zeichenhandlung von Jesus in Mt 21,12-17 und Parallelstellen).

V. 4. Ja, so wie früher, wie in längst vergangenen Zeiten, werde ich mich wieder über die Opfer freuen, die mir die Menschen in Juda und Jerusalem darbringen. Das Neue Testament geht wenig auf die Zerstörung des Tempels durch die Römer im Jahr 70 n. Chr. ein (Mt 24,1f par). Dennoch wird deutlich, dass für **Opfer**, die Gott er**freuen,** kein Tempel aus Stein mehr notwendig ist: „Wir wollen nicht aufhören, Gott im Namen Jesu zu loben und ihm zu danken. Das sind unsere Opfer, mit denen wir uns zu Gott bekennen. Und vergesst nicht, Gutes zu tun und mit anderen zu teilen. An solchen Opfern hat Gott Freude“ (Hebr 13,15f; vgl. Röm 12,1; 1 Petr 2,5).

V. 5. Ich, der Herr, der allmächtige Gott, sage: Ich werde

über euch Gericht halten und als Zeuge auftreten gegen die Zauberer und Ehebrecher, gegen alle, die Meineide schwören, die ihre Arbeiter um den gerechten Lohn bringen, die Witwen, Waisen und Ausländer unterdrücken, ja, gegen alle, die keine Ehrfurcht vor mir haben.“ Noch ist „Zeit der Gnade“ (2 Kor 6,2), noch besteht die Möglichkeit zur Umkehr. Wenn Gott jedoch als Richter zu seinem Volk kommt, wird es keine Ausflüchte, Selbstrechtfertigungen und Besserungsgelöbnisse mehr geben. Er wird ein „schneller“ **Zeuge** sein (RE), seine Geduld wird ein Ende haben. Die Liste der Vergehen ist konkret und unmissverständlich wie auch im Neuen Testament (1 Kor 6,9f.; Offb 21,8; 22,15). Die Beschäftigung mit Okkultismus, sexueller Verkehr außerhalb der Ehe, Lüge und Unwahrheit mögen zwar als persönliche Bereicherung erscheinen, führen jedoch in das sichere Verderben. Maleachi nennt daneben ausdrücklich auch wirtschaftliche Vergehen: Hier geht es darum, Löhne und Rechnungen nicht, zu spät oder nicht ausreichend zu bezahlen. Es geht darum, die zu übervorteilen, die kaum die Möglichkeit haben, sich zu wehren. Das ist technisch möglich, stellt denjenigen, der es tut, jedoch auf dieselbe Ebene wie Zauberer und Ehebrecher. Das eigentliche, tiefer liegende Problem nennt Maleachi zuletzt: die mangelnde **Ehrfurcht** vor Gott.

Die Menschen handeln, als gäbe es keinen Gott; sie sind sich nicht bewusst, dass sie unmittelbar vor einem heiligen Gott stehen, dass ihr Handeln vor einem unbestechlichen Gericht bestehen muss. In den Versen 6-12 folgt daraus ein Aufruf zur Bekehrung, ab V. 13 richtet sich der Blick wieder in die Zukunft.

V. 13. „Ihr Israeliten redet überheblich und anmaßend über mich, den Herrn. Doch ihr fragt: ‚Was sagen wir denn über dich?‘ Hier geht es nicht um unterdrückte Unzufriedenheit, sondern um offene Rebellion. Wie beim Murren während der Wüstenwanderung richtet sich der Angriff gegen Gottes Autorität. Wenn Gott nicht reagiert, wird er zu einer harmlosen Witzfigur. Doch worum geht es?

V. 14. Ihr behauptet: ‚Es bringt nichts, Gott zu dienen. Was haben wir davon, wenn wir uns nach seinen Weisungen richten und ihm zeigen, dass wir unsere Taten bereuen? Die hebräischen Formulierungen deuten auf den Bund am Sinai hin. Es sei vergeblich, ihn zu halten. Wozu soll man sich abmühen, wenn es den Sündern sogar besser geht?

V. 15. Wie gut haben es die Menschen, die sich gegen den Herrn auflehnen! Seit sie ihm den Rücken gekehrt haben, geht es ihnen viel besser. Sie kommen ungestraft davon, obwohl sie Gott frech die Stirn bieten!‘ Was die Zuhörer in 2,17 Gott vorwerfen, beschreibt in Wirklichkeit ihr eigenes Herz: *Sie* finden Gefallen an Menschen, die Unrecht tun. Statt sich in ihrer Not an Gott zu wenden, wenden sie sich zynisch von ihm ab und geben sich der Faszination des Bösen hin.

V. 16. Dann aber redeten diejenigen miteinander, die noch Ehrfurcht vor dem Herrn hatten, und der Herr hörte ihnen zu. In einem Buch ließ er die Namen aller aufschreiben, die ihn achten und seinen Namen nicht in den Schmutz ziehen. Es gibt jedoch auch eine zweite Gruppe im Volk, die dem Trend zur Gottvergessenheit nicht nachgeben. Sie bleiben nicht unbemerkt. Gott achtet genau auf sie. Von **einem Buch** Gottes ist auch an anderen Stellen die Rede. Beim Jüngsten Gericht werden „Bücher geöffnet, auch das Buch des Lebens. Über alle Menschen wurde das Urteil gesprochen, und zwar nach ihren Taten, wie sie in den Büchern beschrieben waren“ (Offb 20,12; vgl. 2 Mo 32,33; Ps 69,29; Dan 12,1; Lk 10,20; Phil 4,3; Hebr 12,23; Offb 3,5). Eine Parallele aus der Zeit Maleachis bildet die „Chronik des persischen Reiches“ – Der König liest darin und belohnt denjenigen, der ihm treu gewesen ist (Est 6).

V. 17. Der Herr, der allmächtige Gott, sagt: „An dem Tag, wenn ich mein Urteil spreche, werden diese Menschen zu mir gehören. Ich will sie verschonen, so wie ein Vater seinen Sohn verschont, der zu ihm gehalten hat. Vor dem **Tag** des Endgerichts zittert auch die Gruppe der Gerechten. Auch sie können nicht von sich aus vor Gott bestehen. Doch sie werden aus Gnade **verschont.** Sie **gehören** in einem festen Bund zu Gott. Das hier verwendete Wort wird in 2 Mo 19,5 als „in besonderer Weise mein Eigentum“ übersetzt. Dies gilt nicht für ganz Israel, wie auch nicht alle Menschen Gottes Kinder sind. Das „Recht, Kinder Gottes zu werden“ ist nicht jedem gegeben (Joh 1,12f). Derjenige, **der zu ihm gehalten hat,** so wörtlich, „dient“ ihm. – Glaube hat praktische Auswirkungen.

V. 18. Dann werdet ihr den Unterschied sehen zwischen einem Menschen, der mir die Treue hält, und einem Gottlosen; ihr werdet erkennen, welche Folgen es hat, ob jemand mir dient oder nicht. Die hochmütig eingeklagte Unterscheidung zwischen Gottesfürchtigem und Gottlosem wird am Tag des Gerichts deutlicher sichtbar als erwünscht. Die Bezeichnung als **Gottloser** führt in die Irre, wenn man hier an einen netten Menschen denkt, der Gott bisher noch nicht kennengelernt hat. Der Fachausdruck bezeichnet vielmehr einen boshaften Menschen, der den Bund mit Gott gebrochen hat und den Gerechten bewusst unterdrückt. Auch Gottlosigkeit hat praktische Auswirkungen.

V. 19. Ja, es kommt der Tag, an dem mein Zorn wie ein Feuer im Ofen sein wird und alle wie Stroh verbrennt, die sich frech gegen mich auflehnen. Nichts bleibt dann mehr von ihnen übrig! Darauf gebe ich, der Herr, der allmächtige Gott, mein Wort! Dem Feuer von Gottes Zorn wird alles Böse zum Opfer fallen. **Nichts**, wörtl. „weder Wurzel noch Zweig“, bleibt. Es ist hier nicht behauptet, dass die Gottlosen einmal aufhören zu existieren. Wurzel und Zweig, die wieder ausschlagen können, symbolisieren lediglich die Hoffnung auf Rettung. Diese Hoffnung wird ihnen endgültig genommen werden.

V. 20. Für euch aber, die ihr mir die Treue gehalten habt, wird an jenem Tag die Rettung kommen, wie am Morgen

die Sonne aufgeht. Ihr werdet endlich Hilfe finden und vor Freude springen wie Kälber, die aus dem Stall hinaus auf die Weide dürfen! Auch die Treuen werden an diesem Tag von Feuer heimgesucht, jedoch von dem wärmenden und wörtlich „heilenden" Feuer der **Sonne.** Der Sieg über *die* Bösen schließt die Vernichtung *des* Bösen mit ein, welches den Treuen zugefügt wird. Gottes Gegenwart wird Licht, Wärme, Heilung und sättigende Versorgung bringen.
V. 21. An dem Tag, wenn ich Gericht halte, werdet ihr die Gottlosen zertreten wie Staub unter euren Füßen! Das verspreche ich, der Herr, der allmächtige Gott. Das hier verwendete Bild ist in unserer harmoniesüchtigen Zeit nur noch schwer vermittelbar. Maleachi gibt hier keine Antwort darauf, wie dies ohne Mitleid (und damit erneut Leid) der Gerechten geschehen kann. Wenn beim **Gericht** die ganze Wahrheit ans Licht kommt, wird jeder verstehen, dass Gottes Urteil vollkommen gerecht und moralisch gut ist. Die Botschaft hier ist eine andere: Die Gottlosen sind bereits **Staub,** Asche (V. 19) unter den Füßen der Gerechten. Die Gerechten müssen nicht erst Gewalt anwenden, um sie zu besiegen. Gott hat schon für ihr Recht gesorgt.
V. 22. Denkt immer an das Gesetz meines Dieners Mose! Richtet euch nach den Weisungen und Ordnungen, die ich ihm am Berg Horeb für das Volk Israel gab! Der letzte Abschnitt schließt das Buch mit einem Rückblick auf Mose, das Gesetz, und einem Ausblick auf Elia, den wohl größten der Propheten, der viele Wunder tat und am Ende leiblich in den Himmel auffuhr. Das Erinnern spielt eine wichtige Rolle im Glauben Israels. Zu leicht gerät Gottes Wort in Vergessenheit, mit fatalen Folgen. Wird es wieder neu ins Gedächtnis gerufen, wird es das Handeln verändern und zu Segen führen.
V. 23. Noch bevor der große und schreckliche Tag kommt, an dem ich mein Urteil vollstrecke, sende ich den Propheten Elia zu euch. Jesus identifiziert Johannes den Täufer sowohl mit dem Boten aus 3,1 als auch mit Elia (Mt 11,10.14). Johannes selbst hat diese Erkenntnis zu Beginn seines Auftretens noch nicht (Joh 1,21). In ähnlicher Weise ist er ja auch unsicher im Blick auf Jesus (Lk 7,18f). Das macht klar, dass er nicht eine Art Reinkarnation von Elia selbst ist, sondern lediglich den Auftrag Elias wieder aufnimmt, Israel zur Umkehr zu rufen. In den Worten des Engels, der seine Geburt ankündigt: „Entschlossen und stark *wie* der Prophet Elia wird er das Kommen des Messias vorbereiten: Er wird Eltern und Kinder wieder miteinander versöhnen, und die Ungehorsamen werden wieder Gottes Willen erfüllen" (Lk 1,17).
V. 24. Er wird Eltern und Kinder wieder miteinander versöhnen, damit ich nicht das ganze Volk vernichten muss, wenn ich komme. Die Versöhnung der Generationen untereinander, die Heilung der Familienbeziehungen, steht grundlegend für die Heilung der gesamten Gesellschaft. Eine unversöhnte Gesellschaft wird bei der Ankunft Gottes nicht bestehen können. **Das ganze Volk vernichten.** Wörtlich: „mit dem Bann schlagen". Das hebräische Wort für „Bann" ist das letzte Wort der Prophetenbücher. Deutet diese Warnung auf die Zerstörung Jerusalems im Jahr 70 n. Chr., nicht lange nach der Kreuzigung von Jesus hin (vgl. Lk 23,28-31)?

„Es gibt letzten Endes nur zwei Arten von Menschen:
diejenigen, die zu Gott sagen: ‚Dein Wille geschehe!',
und diejenigen, zu denen Gott am Ende sagt: ‚*Dein* Wille geschehe!'
Alle, die in der Hölle sind, haben sie sich erwählt."

(C. S. Lewis, *Die große Scheidung,* Gießen: Brunnen, 1998, S. 54)

7 Der Erlöser

Hiob 9,32-33; 16,18-22; 19,25-27; 33,14-29

Einstieg
15–20 Minuten
Wählen Sie bitte eine oder zwei Fragen aus.

1. Haben Sie schon einmal eine „himmelschreiende" Ungerechtigkeit erlebt? Wie haben Sie reagiert?

2. Gibt es Erfahrungen in Ihrem Leben, die Sie an Gott zweifeln ließen?

3. Erinnern Sie sich oft an Ihre Träume? Glauben Sie, dass Träume eine Bedeutung haben?

4. Hat Gott Sie schon einmal direkt gewarnt? In welcher Form?

Wie kann ein Mensch vor Gott sein Recht bekommen?
Hiob muss in seinem Leben viel Leid ertragen. Dabei ist er ein gerechter Mensch. Seine Freunde gehen davon aus, dass Gott ihn leiden lässt, um ihn zu bestrafen. Wenn das so ist, dann wäre Gott ungerecht. Doch kann man Gott vor Gericht anklagen? Wer kann Hiob gegen Gott Recht verschaffen? Hiob redet mit Gott und wird sich immer sicherer: Es muss Gerechtigkeit geben.

9 32 „Wärst du ein Mensch wie ich, dann könnte ich dir antworten! Wir
würden beide vor Gericht gehen, damit der Streit entschieden wird.
33 Aber es gibt keinen, der zwischen dir und mir entscheidet und für
Recht sorgt.
...
16 18 „O Erde, bedecke mein Blut nicht, lass meinen Hilfeschrei niemals
verstummen! 19 Doch auch jetzt schon hab ich einen Zeugen hoch im
Himmel; der tritt für mich ein! 20 Meine Freunde verspotten mich, da-
rum schaue ich unter Tränen nach Gott aus. 21 Er wird mich freisprechen
und mir bei anderen Menschen Recht verschaffen. 22 Nur wenige Jahre
hab ich noch zu leben, bis ich den Weg beschreiten muss, von dem es
keine Rückkehr gibt."
...
19 25 „Doch eines weiß ich: Mein Erlöser lebt; auf dieser todgeweihten
Erde spricht er das letzte Wort! 26 Auch wenn meine Haut in Fetzen an
mir hängt und mein Leib zerfressen ist, werde ich doch Gott sehen! 27 Ja,
ihn werde ich anschauen; mit eigenen Augen werde ich ihn sehen, aber
nicht als Fremden. Danach sehne ich mich von ganzem Herzen!"
...

Elihu, der junge Freund von Hiob, redet erst gegen Ende des Buchs. Er
richtet den Blick auf Gott. Er versucht die Zusammenhänge des Lebens
aus Gottes Sicht zu deuten:
33 14 „Gott spricht immer wieder, auf die eine oder die andere Weise, nur
wir Menschen hören nicht darauf! 15 Gott redet durch Träume, durch
Visionen in der Nacht, wenn tiefer Schlaf auf die Menschen fällt. Sie
liegen da und schlummern, 16 doch dann erschreckt er sie mit seiner War-
nung, und sie hören aufmerksam zu. 17 Gott will sie abbringen von bö-
sem Tun, und ihren Hochmut will er ihnen austreiben. 18 Er will sie vor
dem Tod bewahren, davor, dass ihr Leben unter seinem Richterschwert
ein jähes Ende findet. 19 Gott weist einen Menschen auch durch Schmer-
zen zurecht, wenn er daliegt in seinen Qualen 20 und sich vor jeder Speise
ekelt, selbst vor seinem Lieblingsgericht. 21 Seine Gestalt verfällt zuse-
hends, man kann alle seine Knochen zählen. 22 Er steht schon mit einem
Fuß im Grab, bald holen ihn die Todesboten.
23 Doch wenn ein Engel sich für ihn einsetzt, einer von den Tausenden,
die den Menschen sagen, was richtig für sie ist, 24 wenn dieser Engel Mit-
leid mit ihm hat und zu Gott sagt: ‚Verschone ihn! Lass ihn nicht sterben!
Hier ist das Lösegeld!‘, 25 dann blüht er wieder auf, wird gesund und
frisch, er wird stark wie damals in der Jugend. 26 Dann betet er zu Gott,
und sein Gebet wird gnädig angenommen. Mit lautem Jubel tritt er hin
vor ihn und dankt für seine Rettung. 27 Offen bekennt er den Menschen:
‚Ich hatte gesündigt und das Recht missachtet, doch Gott hat mir's nicht
angerechnet! 28 Er hat mich vor dem sicheren Tod bewahrt, nun darf ich
weiterleben und sehe das Licht.‘
29 Das alles tut Gott mehr als einmal im Leben eines Menschen, 30 um ihn
vor dem Tode zu bewahren und ihm die Lebensfreude zu erhalten.

Bibelgespräch
30–45 Minuten
Wählen Sie ggf. unter den Fragen aus.

1. Wie stellt sich Hiob seine Auseinandersetzung mit Gott bildhaft vor?
2. In dem Buch Hiob redet nicht nur Hiob selbst. Es reden auch seine Freunde Elifas, Bildad, Zofar und schließlich Elihu. Diese Freunde reden nur *über* Gott. Hiob dagegen redet auch *mit* Gott, zum Beispiel in 9,32f. Macht das einen Unterschied?
3. Was ist so erstaunlich an der Gewissheit von Hiob in Kapitel 19? An welchen Aussagen kann sich ein Jünger von Jesus festhalten, wenn er das Gefühl hat, ungerecht zu leiden?
4. Wonach sehnt sich Hiob mehr als alles andere? Wonach würden sich andere Menschen in vergleichbaren Situationen sehnen? Welche Rolle spielt die Sehnsucht für die Möglichkeit der Rettung?

5. Welche zwei Formen der Warnung durch Gott beschreibt Elihu in Kapitel 33? Gibt es weitere „Kanäle“, durch die Gott zu Menschen redet?

6. Welche Erklärungen für die Ursachen oder den Sinn von Schmerzen und Krankheit werden im Text genannt? Welche lassen sich darüber hinaus geben?

7. Was muss jemand können, um einen anderen Menschen vor Gottes Gericht zu retten? Gibt es Vergleichspunkte zwischen dem Engelwesen, das sich der Sprecher hier vorstellt, und Jesus im Neuen Testament?

8. Welche Rolle spielt die Sündenerkenntnis des Todkranken für die Rettung? Wann taucht sie auf? Warum erst hier?

9. Gibt es einen Zusammenhang zwischen Hiob und Jesus Christus?

Austausch

15–30 Minuten

Wählen Sie ggf. unter den Fragen aus. Sie können das Gespräch mit einem gemeinsamen Gebet abschließen, in dem Sie auf mögliche Fragen und Anliegen Bezug nehmen, die im Gespräch deutlich geworden sind. Fragen, die nicht in der Gruppe thematisiert werden, können Ihnen auch als Anstoß dienen, zu Hause den Text vertiefend zu betrachten.

1. Elihu behauptet, dass Gott jeden Menschen zwei- oder dreimal im Leben wachrüttelt (33,14.29). Kann dies weiterhelfen bei der Frage nach dem Schicksal der Menschen, die das Evangelium nicht gehört haben? Wie kann man sich das praktisch vorstellen?

2. Können Sie selbst von solchen „wachrüttelnden Momenten“ berichten?

3. Woran lässt sich erkennen, ob ein Traum eine Botschaft Gottes ist?

4. „Wenn es Gott nicht gäbe, so müsste man ihn erfinden“ (Voltaire). Dieser Satz gilt auch für die Auferstehung von Jesus. Warum ist sie so notwendig, damit diese Welt eine gerechte Welt ist?

5. In welchen Eigenschaften und Taten von Jesus bestätigt sich die Hoffnung von Hiob?

Erläuterungen

Hiob 3 (26)	Elifas 4–5 (48)	Hiob 6–7 (51)	Bildad 8 (22)	Hiob 9–10 (57)	Zofar 11 (20)	Hiob 12–14 (75)
	Elifas 15 (35)	Hiob 16–17 (38)	Bildad 18 (21)	Hiob 19 (29)	Zofar 20 (29)	Hiob 21 (34)
	Elifas 22 (30)	Hiob 23–24 (42)	Bildad 25 (6)	Hiob 26 (14)	Hiob 27–28 (51)	Hiob 29–31 (96)
Elihu 32–33 (55)	Elihu 34 (37)	Elihu 35 (16)	Elihu 36–37 (57)			
Jhwh 38–39 (71)	Jhwh 40,1f (2)	Hiob 40,3-5 (3)	Jhwh 40,6ff (54)	Hiob 42,1-6 (6)		

Entwicklung der Redebeiträge mit Kapitelangaben. In Klammern: Anzahl der Verse.

Hiob muss leiden, obwohl er gerecht ist. Er klagt sein Leid und beteuert seine Unschuld. Seine Freunde suchen nach Wegen, damit umzugehen: Elifas noch ein Stück weit einfühlsam, Bildad eher traditionalistisch und Zofar ziemlich doktrinär. Als sie sich immer weniger zu sagen haben, lenkt Elihu den Blick auf Jhwh, der am Ende schließlich selbst auftritt.

Die Erzählung des Buches Hiob spielt in der Zeit der Patriarchen oder früher, im Land „Uz", wohl im Gebiet Edom südlich von Kanaan. Hiob antwortet jeweils auf die Reden seiner Freunde Elifas, Bildad und Zofar, die Hiobs Unglück mit einer verborgenen Sünde oder Schuld seinerseits erklären wollen. Hiob verwahrt sich dagegen und klagt Gott an, ihn ohne Grund zu strafen. Nach drei Durchgängen dieses Musters taucht ein vierter Redner Elihu auf, bevor Gott der Herr das Wort ergreift. – Das Buch fragt nicht so sehr nach Ursache oder Berechtigung des Leidens, sondern nach dem rechten Umgang damit.

9,32. Wärst du ein Mensch wie ich, dann könnte ich dir antworten! Wir würden beide vor Gericht gehen, damit der Streit entschieden wird. Hiob weiß, dass er unschuldig ist und wird dennoch, wie er befürchten muss, zu Tode gepeinigt. Sein Problem dabei ist, dass es Gott selbst ist, der diese Qualen zulässt. Wäre ein Mensch sein Gegenspieler, ließe sich das Ganze vor Gericht lösen.

V. 33. Aber es gibt keinen, der zwischen dir und mir entscheidet und für Recht sorgt. Wörtlich: „der seine Hand auf uns beide legt". – Wahrscheinlich eine symbolische Handlung, mit der ein Schiedsspruch verkündet wurde. Vor Gericht würde es einen „Schiedsmann" geben, der für Hiobs **Recht sorgen** könnte. Dies kann er durch seine Autorität oder durch das Vertrauensverhältnis, das er zu beiden Parteien hat. Als Freund beider würde er die Dinge zur gegenseitigen Zufriedenheit regeln. Hiob wünscht sich eine solche Person, doch welcher Mensch wäre dazu in der Lage, zwischen Gott und Mensch zu richten?

16,18. „O Erde, bedecke mein Blut nicht, lass meinen Hilfeschrei niemals verstummen!" Hiobs **Blut** soll nach seinem Tod nicht ungesühnt bleiben. Es soll um Rache rufen wie das Blut Abels (1 Mo 4,10), doch zu wem, wenn Gott selbst der Mörder ist? Sein **Hilfeschrei,** den er bereits zu Lebzeiten sendet, soll nicht ungehört verschallen. Doch was bringt ihm als Menschen Genugtuung, wenn er bereits tot ist?

V. 19. Doch auch jetzt schon hab ich einen Zeugen hoch im Himmel; der tritt für mich ein! Wenn auf Erden (V. 18: „O Erde") keine Hoffnung während der Lebenszeit **jetzt schon** besteht, richtet sich der Blick in den **Himmel.** Wieder denkt Hiob an einen Gerichtsprozess, hier redet er von einem (Entlastungs-)**Zeugen,** einem „Fürsprecher", der **für ihn eintritt.** – Was Hiob hier ersehnt, wird im Neuen Testament Realität: „dann tritt einer beim Vater für uns ein, der selbst ohne jede Sünde ist: Jesus Christus" (1 Joh 2,1). „Er ist vom Tod auferweckt worden und hat seinen Platz an Gottes rechter Seite eingenommen. Dort tritt er jetzt vor Gott für uns ein" (Röm 8,34).

V. 20. Meine Freunde verspotten mich, darum schaue ich unter Tränen nach Gott aus. Was gibt es Schlimmeres, als dass sich die eigenen Gefährten gegen einen wenden? Unter Tränen schaut Hiob auf Gott und sieht, dass es in der Tat noch etwas Schlimmeres gibt: „Gott ist mein Feind geworden, er knirscht mit den Zähnen, zerreißt mich im Zorn" (16,9). Doch das kann und darf es nicht geben. Der gerechte Konstrukteur des Lebens *kann* ein solches Ende für einen unschuldigen Menschen nicht geplant haben.

V. 21. Er wird mich freisprechen und mir bei anderen Menschen Recht verschaffen. Es muss ein göttliches Wesen im Himmel geben, das Hiob, so wörtlich, „bei/gegen Gott" **freisprechen** wird. Gott muss als Zeuge gegen Gott auftreten. Doch ist das nicht ein Widerspruch in sich selbst?

V. 22. Nur wenige Jahre hab ich noch zu leben, bis ich den Weg beschreiten muss, von dem es keine Rückkehr gibt." Hiob weiß, dass er nicht mehr lange zu leben hat, wenn seine Situation sich nicht ändert. Die Zeit vor seinem Tod, in der Gott ihn noch rehabilitieren kann, ist begrenzt.

19,25. Doch eines weiß ich: Mein Erlöser lebt; auf dieser todgeweihten Erde spricht er das letzte Wort! Wörtlich: „er wird sich als Letzter über dem Staub erheben"! Das Bild des **(Er)lösers** erweitert die Vorstellung von einem Schiedsmann, Zeugen und Fürsprecher. Der „Löser" ist im jüdischen Gesetz der engste Verwandte, der dafür verantwortlich ist, im Notfall einem Bedrängten aus der Klemme zu helfen. Der Löser kauft verlorenes Land zurück, rettet aus der Versklavung, versorgt die Witwe und rächt das Blut (vgl. u. a. 3 Mo 25,25-54; 4 Mo 35,19-27; Rut 4,1-6). Auch Gott wird im Alten Testament als „Löser" bezeichnet (Spr 23,11; Jer 50,34; Klgl 3,58; Ps 119,154). Doch wie kann Gott von Gott erlösen? Verwandte kommen für diese Aufgabe ebenfalls nicht mehr infrage, nachdem Hiob ausführlich beschrieben hat, dass sich wirklich alle von ihm abgewandt haben: „Meine Brüder hat Gott mir entfremdet; die Verwandten wollen nichts mehr von mir wissen ..." (19,13-19). Wer in einem Gerichtsprozess **das letzte Wort** spricht, ist wohl auch der Sieger der Auseinandersetzung. Während alles Irdische, insbesondere Hiobs Leben, zu Staub zerfällt (1 Mo 3,19), verläuft die Bewegung des „Lösers" in umgekehrter Richtung. Der „Löser" wird sich (als Zeuge) erheben über dem Staub.

V. 26. Auch wenn meine Haut in Fetzen an mir hängt und mein Leib zerfressen ist, werde ich doch Gott sehen! Wörtlich: „Wenn meine Haut so zerfressen ist, werde ich doch in meinem Leib Gott sehen!" Es wurde viel versucht, den Urtext zu „korrigieren", doch gibt es genügend sinnvolle Verständnismöglichkeiten des Textes, so wie er dasteht. Unter Auslegern ist umstritten, *wann* Hiob Gott zu sehen glaubt:

a) Überhaupt nicht, es handelt sich um einen unerfüllbaren Wunsch („ich würde doch allzu gerne").

b) Vor seinem Tod, er wird geheilt.

c) Nach seinem Tod, im Geist.

d) Nach seinem Tod, durch leibliche Auferstehung.

Die letztgenannte Lösung ist trotz aller Bedenken im gesamtbiblischen Zusammenhang nicht unwahrscheinlich. Das Ende des Hiobbuches bezeugt, dass Hiob gerechtfertigt wird und Gott noch zu Lebzeiten sehen darf (42,5). Dies könnte man parallel zu Hebr 11,19 deuten: Hiob traut es Gott zu, dass er ihn sogar von den Toten auferwecken könnte, und bildlich gesprochen schenkt Gott Hiob das Leben ja auch noch einmal – zu Lebzeiten.

V. 27. Ja, ihn werde ich anschauen; mit eigenen Augen werde ich ihn sehen, aber nicht als Fremden. Danach sehne ich mich von ganzem Herzen! Umgeben von „Freunden", die ihm zu **Fremden** geworden sind, sehnt sich Hiob zuallererst danach, dass seine Beziehung zu Gott ungestört ist.

33,14. Gott spricht immer wieder, auf die eine oder die andere Weise, nur wir Menschen hören nicht darauf! Hiob 32–33 gibt die erste Rede von Elihu wieder, der im Gegensatz zu Hiobs Freunden Elifas, Bildad und Zofar für seine Worte später von Gott nicht verurteilt wird. Man könnte seine Reden als Vorläufer zu den Reden Gottes in den späteren Kapiteln deuten, die Hiobs Aufmerksamkeit von seinem Leiden weg und zu Gott selbst hin lenken. Dennoch muss nicht alles richtig sein, was Elihu behauptet. Er ist jung und zornig (32,2-7), doch hat er einen auf Gott ausgerichteten Einblick in die Zusammenhänge des Lebens. Er weist darauf hin, dass es nicht an Gott liegen muss, wenn der Mensch ihn nicht hört. Gott nutzt unterschiedliche Wege, Kanäle, um den Menschen zu erreichen. Wenn der Mensch sich dem verschließt, ist es nicht Gottes Schuld.

V. 15. Gott redet durch Träume, durch Visionen in der Nacht, wenn tiefer Schlaf auf die Menschen fällt. Sie liegen da und schlummern. Elihu zitiert Elifas (4,13) fast wörtlich. Vielleicht möchte er damit zeigen, dass eine Offenbarung im Traum gar nicht so außergewöhnlich ist, wie Elifas *seine* eigene Offenbarung darstellt. Es ist einer von mehreren möglichen Kommunikationswegen Gottes mit dem Menschen. Ein Traum von Gott ist ein Geschenk, eine persönliche Hilfe zum Glauben, keine Sensation, und muss an der Bibel geprüft werden.

V. 16-18. doch dann erschreckt er sie mit seiner Warnung, und sie hören aufmerksam zu. Gott will sie abbringen von bösem Tun, und ihren Hochmut will er ihnen austreiben. Er will sie vor dem Tod bewahren, davor, dass ihr Leben unter seinem Richterschwert ein jähes Ende findet. Wenn Gott Träume sendet, verfolgt er damit das Ziel, einen Menschen vor geplanten Taten zu warnen, die ihn ins Verderben, möglicherweise sogar in den **Tod** führen würden. Träume sollen gerade nicht hochmütig machen („ich bin etwas Besonderes, denn ich empfange Träume von Gott"), sondern **Hochmut austreiben.**

V. 19-21. Gott weist einen Menschen auch durch Schmerzen zurecht, wenn er daliegt in seinen Qualen und sich vor jeder Speise ekelt, selbst vor seinem Lieblingsgericht. Seine Gestalt verfällt zusehends, man kann alle seine

Knochen zählen. Der zweite Kommunikationsweg Gottes ist das Leid. Elihu dreht hier die Logik der Klage Hiobs um. Für Hiob verschließt das Leid Erkenntnis über Gott. Für Elihu eröffnet das Leid Erkenntnis über Gott. Ähnlich formuliert C. S. Lewis: „Gott flüstert in unseren Freuden, er spricht in unserem Gewissen; in unseren Schmerzen aber ruft er laut. Sie sind Sein Megafon, eine taube Welt aufzuwecken" (C. S. Lewis, *Über den Schmerz,* Gießen: Brunnen, 1988, S. 93). Dies ist jedoch nur da möglich, wo die Botschaft des Leids übersetzt und verstanden werden kann. Für Hiob ist kein Sinn in seinem Leiden erkennbar, ihm fehlen wichtige Mosaiksteine zur Interpretation. So kommt Gottes Botschaft bei ihm (noch) nicht an.

V. 22. Er steht schon mit einem Fuß im Grab, bald holen ihn die Todesboten. Die Bibel kennt Engelwesen, die im Auftrag Gottes Menschen aus dem Leben abberufen, um sie zu strafen (vgl. 2 Sam 24,16; 2 Kön 19,35; Ps 78,49). Bis hierhin ähnelt der Gedankengang der Logik von Elifas in 5, 17-26: „Glücklich ist der Mensch, den Gott zurechtweist ..."

V. 23. Doch wenn ein Engel sich für ihn einsetzt, einer von den Tausenden, die den Menschen sagen, was richtig für sie ist. Dann jedoch geht Elihu über die einfache Läuterungslogik hinaus. Elifas war überzeugt: „Klag nur, Hiob! Aber meinst du, dich hört jemand? An welchen Engel willst du dich denn wenden?" (5,1). Die Antwort auf diese rhetorische Frage ist für ihn „Nein! An keinen!". Elihu dagegen glaubt (wie Hiob), dass es einen solchen **Engel** oder Boten geben muss. Dieser ist ein „Mittler", einer, der **sich für ihn einsetzt**, eine Art „Dolmetscher" (vgl. dasselbe Wort in 1 Mo 42,23) zwischen Mensch und Gott. Es gibt zwar Tausende von Engeln (Dan 7,10), doch dieser ist (betont) **einer**, vermutlich ist gemeint, ein besonderer (vgl. ähnlich formuliert Pred 7,28; Hld 5,10). Nach dem Verständnis des Neuen Testaments ist Jesus Christus Mittler zwischen Gott und Mensch, in mancher Hinsicht mit einem Engel vergleichbar und doch ganz anders: „Gott hat Christus seinen Sohn genannt und ihn damit weit über alle Engel gestellt" (Hebr 1,4).

V. 24. ... wenn dieser Engel Mitleid mit ihm hat und zu Gott sagt: ‚Verschone ihn! Lass ihn nicht sterben! Hier ist das Lösegeld!' Mitleid allein genügt zur Rettung nicht. Der Fürsprecher benötigt auch die Mittel dazu – den Zugang zu Gott und ein **Lösegeld.** Das Lösegeld wird gezahlt, um einen verschuldeten Menschen freizukaufen (vgl. 2 Mo 21,30). Der Leser vernimmt hier nur die Worte: **Hier ist das Lösegeld,** es wird ihm jedoch nicht gezeigt, um was es sich bei dem Lösegeld handelt. Mitleid und die nötigen Mittel – dass das zur Erlösung notwendig wäre, kann Elihu durch sein geistliches Nachdenken entdecken. Die im Neuen Testament beobachtete Realität kommt diesen theoretischen Gedanken verblüffend nahe. Der Mittler des Neuen Bundes hat Mitleid und Zugang zu Gott (Hebr 2,17; 4,14-16) und zahlt ein hohes Lösegeld: „Christus hat euch losgekauft, aber nicht mit vergänglichem Silber oder Gold, sondern mit seinem eigenen kostbaren Blut" (1 Petr 1,18f).

V. 25. ... dann blüht er wieder auf, wird gesund und frisch, er wird stark wie damals in der Jugend. Gott sorgt für eine Erneuerung der Lebenskräfte über alle Erwartungen hinaus. Die Formulierung erinnert an die Heilung Naamans (2 Kön 5,14; vgl. Jes 40,30f).

V. 26. Dann betet er zu Gott, und sein Gebet wird gnädig angenommen. Mit lautem Jubel tritt er hin vor ihn und dankt für seine Rettung. Dass Gott das Dankgebet gnädig annimmt, bestätigt die Wiederherstellung der Beziehung. Die Annahme von Hiobs Gebet wird in 42,8.10 Wirklichkeit.

V. 27f. Offen bekennt er den Menschen: ‚Ich hatte gesündigt und das Recht missachtet, doch Gott hat mir's nicht angerechnet! Er hat mich vor dem sicheren Tod bewahrt, nun darf ich weiterleben und sehe das Licht.' Die Elemente Schuldbekenntnis, Errettung und Lob sind bei einem Dankgebet zu erwarten. In Bezug auf Hiob könnte man zunächst meinen, dass es einem schuldlos Leidenden nicht ansteht, ein Schuldbekenntnis abzulegen. Doch in 42,6 beendet Hiob seine Rede mit den Worten: „Darum widerrufe ich meine Worte, ich bereue in Staub und Asche." Nachdem er Gott begegnet ist, das Glück seiner Gemeinschaft genießt (42,5), kann er dessen Charakter anders beurteilen. Sein bisheriges Denken war zumindest intellektuell mangelhaft und falsch (vgl. 38,2 mit der moralisch positiven Wertung in 42,8). Dieser Durchbruch folgt einem langen Prozess, der sich nicht durch gut gemeinte Tipps und flotte Sprüche beschleunigen lässt.

Interessanterweise wird die Buße des Menschen hier nur im Nachhinein als Teil des Dankes geschildert. Nicht der Mensch mit seiner Buße bewirkt die Rettung, sondern der Mittler durch sein Lösegeld. Buße im Sinn eines veränderten Lebensstils soll sich in Wort und Tat auch nach dem Zeitpunkt der Rettung fortsetzen. Martin Luther formuliert in der ersten seiner 95 Thesen: „Als unser Herr und Meister Jesus Christus sagte: ‚Tut Buße, denn das Himmelreich ist nahe herbeigekommen' (Mt 4,17), wollte er, dass das ganze Leben der Glaubenden Buße sei."

V. 29f. Das alles tut Gott mehr als einmal im Leben eines Menschen, um ihn vor dem Tode zu bewahren und ihm die Lebensfreude zu erhalten. Noch einmal kehrt Elihu zu seiner Aussage in 33,14 zurück. **Mehr als einmal,** wörtlich zwei- oder dreimal (gemeint ist wohl „ein paarmal"), rüttelt Gott einen Menschen im Leben wach, damit er nicht blind in seinen Tod rennt, sondern wahres **Leben** findet. So spricht er durch den Propheten Hesekiel: „Ich habe keine Freude daran, dass der Gottlose sterben muss. Nein, ich freue mich, wenn er von seinen falschen Wegen umkehrt und am Leben bleibt" (33,11).

8 Der Menschensohn

Daniel 2,34f; 44f; 7,13f; 9,24-27

Einstieg
15–20 Minuten
Wählen Sie bitte eine oder zwei Fragen aus.

1. Haben Sie schon einmal erlebt, dass Gott durch Menschen gewirkt hat, die ihm nicht gehorchen?

2. Wie reden Sie Jesus im Gebet am liebsten an? Welche Namen oder Titel sind Ihnen am liebsten, welche sind Ihnen eher fremd?

Daniel deutet Nebukadnezars Traum
Daniel wird als junger Mensch aus Juda nach Babylon verschleppt. In Kapitel 2 des gleichnamigen Buchs beschreibt (V. 31-35) und deutet (V. 38-45) er einen Traum des babylonischen Königs Nebukadnezar von einem großen Standbild. Die vier Teile des Standbilds aus unterschiedlichen Materialien stehen für vier Königreiche.

2 34 Während du noch schautest, löste sich plötzlich ohne menschliches Zutun ein Stein von einem Berg. Er traf die Füße aus Eisen und Ton und zermalmte sie. 35 Die ganze Statue brach in sich zusammen; Ton, Eisen, Bronze, Silber und Gold zerfielen zu Staub, den der Wind wegblies wie die Spreu vom Dreschplatz. Nichts war mehr davon zu sehen! Der Stein aber, der die Statue zertrümmert hatte, wuchs zu einem riesigen Berg und breitete sich über die ganze Erde aus …
44 Noch während die Könige dieses Reiches an der Macht sind, wird der Gott des Himmels sein Reich aufbauen, das nie zugrundegeht. Kein anderes Volk kann ihm jemals die Herrschaft streitig machen. Ja, es bringt alle anderen Reiche zum Verschwinden und wird selbst für immer fortbestehen. 45 Das, mein König, war der Stein, der ohne menschliches Zutun losbrach und die Statue aus Ton, Eisen, Bronze, Silber und Gold zertrümmerte. Ein mächtiger Gott hat dich in die Zukunft sehen lassen. Ich habe dir deinen Traum genau beschrieben, und meine Deutung trifft zu. …

Daniels Vision vom Menschensohn
Etwa fünfzig Jahre später hat Daniel einen Traum von vier großen Tieren, die nacheinander aus dem Meer steigen. Danach berichtet Daniel:

7 13 Doch ich sah noch mehr in meiner Vision: Mit den Wolken am Himmel kam einer, der aussah wie ein Mensch. Man führte ihn zu dem alten Mann, 14 der ihm Macht, Ehre und königliche Würde verlieh. Die

Menschen aller Länder, Völker und Sprachen dienten ihm. Für immer und ewig wird er herrschen, sein Reich wird niemals zerstört!

...

Gabriel enthüllt Daniel Gottes Pläne für Israel

Daniel bittet Gott darum, die Verbannung Israels zu beenden, die nach dem Propheten Jeremia siebzig Jahre dauern sollte, und den Tempel in Jerusalem wieder aufzubauen. Gott sendet den Engel Gabriel, der Daniel einen Einblick in Gottes Pläne mit seinem Volk gibt.

9 24 Siebzig mal sieben Jahre müssen vergehen, bis Gott seine Absicht mit
deinem Volk und mit der heiligen Stadt erreicht hat: Zu dieser Zeit be-
reitet er der Auflehnung gegen ihn ein Ende, die Macht der Sünde wird
gebrochen, und die Schuld ist gesühnt. Dann werden Menschen für im-
mer vor Gott bestehen können, die Visionen und Voraussagen der Pro-
pheten erfüllen sich, und das Allerheiligste im Tempel wird wieder neu
geweiht.
25 Nun hör gut zu, damit du meine Worte verstehst: Zwischen dem Be-
fehl, Jerusalem wieder aufzubauen, und dem Auftreten eines von Gott
erwählten Herrschers liegen sieben mal sieben Jahre. Zweiundsechzig
mal sieben Jahre lang werden in Jerusalem Straßen und Befestigungsgrä-
ben gebaut, doch es wird eine Zeit großer Bedrängnis sein. 26 Nach den
zweiundsechzig mal sieben Jahren wird ein von Gott Auserwählter hinge-
richtet, ohne dass er irgendwo Hilfe findet. Dann zerstört das Heer eines
fremden Machthabers die Stadt und den Tempel wie eine reißende Flut.
Bis zum Ende herrschen Krieg und Verwüstung, denn so hat es Gott
beschlossen. 27 Der Machthaber wird vielen Menschen einen Bund auf-
zwingen, der sieben Jahre lang gelten wird. Nach der Hälfte dieser Zeit
verbietet er den Opferdienst am Tempel und stellt dort eine abscheuliche
Götzenstatue auf. Doch auch dieser grausame Herrscher wird unterge-
hen, denn Gott hat sein Urteil über ihn gesprochen.

Bibelgespräch

30–45 Minuten
Wählen Sie ggf. unter den Fragen aus.

1. Anders als die christliche Bibel zählen die Juden das Buch Daniel nicht zu den Propheten, sondern zur Weisheitsliteratur. Daniels Werk ist nicht prophetisch, sondern apokalyptisch (s. Erläuterungen). Was fällt an den Texten des Danielbuches auf im Vergleich mit den bisher betrachteten Propheten (vgl. Einheiten 2-6)?

2. Welche Bedeutung hat der Stein (2,34)? Was ist der Unterschied zwischen diesem und den menschlichen Weltreichen?

3. Wie der Stein, so repräsentiert/verkörpert/symbolisiert Jesus Christus das Reich Gottes. Jesus bezieht das Bild vom „Stein, den

die Bauleute verworfen haben“ (vgl. Mt 21,42; Lk 20,18) auf sich. Seine Aussage: „Wer auf diesen Stein fällt, wird sich zu Tode stürzen, und auf wen der Stein fällt, der wird zermalmt“ (Mt 21,44) klingt sehr radikal. Kann diese Drohung auch ein Trost sein?

4. Die Gestalt in Daniel 7,13 sieht aus „wie“ ein Mensch, genauer „Menschensohn“. Gibt es Hinweise im Text darauf, dass es nicht ein normaler Mensch ist? Was ist anders?

5. Auch in seinem Prozess bezeichnet Jesus sich selbst als den „Menschensohn, der in den Wolken des Himmels kommen wird“ (vgl. Mk 14,61-64)? Warum führt das bei den Anwesenden zu solcher Empörung? Welche alttestamentlichen Bezüge lassen sich erkennen? (Schlagen Sie auch die Parallelstellen Mt 26,59-68; Lk 22,66-71 nach).

6. In Daniel 9,24 setzt sich Gott eine Frist von 490 Jahren, um sechs Ziele zu erreichen. Welche Ziele sind dies?

7. Welche dieser Ziele aus Daniel 9,24 sind am Kreuz erreicht worden? Welche Ziele werden erst bei der Wiederkunft von Jesus erreicht?

8. Gibt es neben der wörtlichen Erfüllung (Esra 6,15; 516 v. Chr.) noch eine übertragene Erfüllung des sechsten Ziels (vgl. Joh 2,21; Mt 12,6)?

9. Die Hinrichtung eines Auserwählten, wörtlich „Messias“ in Daniel 9,26, wird von vielen christlichen Auslegern auf Jesus gedeutet. Wenn das stimmt, was lernen Sie über die Umstände seines Todes?

10. Was liegt vor und nach dem Ereignis der Hinrichtung (V. 25 und V. 26-27)? Gibt es Möglichkeiten, die Angaben mit historischen Ereignissen zu identifizieren?

11. Daniel 9,27 hat möglicherweise eine mehrfache Erfüllung. Nach der Aussage von Jesus (Mt 24,15f) liegt mindestens eine Erfüllung in neutestamentlicher Zeit oder später. Vgl. dazu auch 2 Thess 2,3f und Offb 13,5 in ihrem Textzusammenhang.

12. Trotz aller Zahlenangaben geht es dem Engel Gabriel hier um eine inhaltliche Botschaft. Welche Absicht verfolgt er mit seinen Worten gegenüber Daniel? Was lernen wir über die Weltgeschichte und Gott?

Austausch
15–30 Minuten

Wählen Sie ggf. unter den Fragen aus. Sie können das Gespräch mit einem gemeinsamen Gebet abschließen, in dem Sie auf mögliche Fragen und Anliegen Bezug nehmen, die im Gespräch deutlich geworden sind. Fragen, die nicht in der Gruppe thematisiert werden, können Ihnen auch als Anstoß dienen, zu Hause den Text vertiefend zu betrachten.

1. „Menschensohn" ist die Bezeichnung, die Jesus am häufigsten für sich selbst gewählt hat. Was könnte ihn dazu veranlasst haben, gerade diesen Titel zu bevorzugen?

2. Verändert sich Ihr Bild und Ihr Verständnis von Jesus vor dem Hintergrund dieses Selbstverständnisses? Inwiefern?

3. Was bedeutet es, dass Jesus die Machtansprüche der Menschen zerstört? Wo greift das Reich Gottes Ihr persönliches „Reich" an?

4. Laut Daniel 7,18.29 verleiht Gott seine Herrschaft durch den Menschensohn auch dem „heiligen Volk Gottes, des Allerhöchsten". Was bedeutet es für Sie im Alltag, ein „Königskind" zu sein? Wie können Sie in der Autorität von Jesus Ihre Welt verändern?

5. Wo werden die sechs Ziele Gottes aus Daniel 9,24 in Ihrem Leben sichtbar?

Erläuterungen

Die Handlung des **Buches Daniel** spielt von 605 (Dan 1,1) bis 536 v. Chr. (10,1). Daniel wird als junger Mensch mit vielen Juden gefangen nach Babylon geführt und lebt dort am Königshof und empfängt Visionen bis ins hohe Alter. Er begleitet die babylonischen Herrscher Nebukadnezar und Belsazar, dann nach einem Herrschaftswechsel die medopersischen Herrscher Darius und Kyrus. – In der hebräischen Bibel findet sich das Buch Daniel nicht unter den Propheten, sondern unter den weisheitlichen Büchern („Schriften"). Denn Daniel ist kein Prophet, sondern ein Weiser. So ist das Buch genau genommen kein prophetischer, sondern ein **apokalyptischer Text.** Die Apokalyptik enthüllt Gottes Plan für die Weltgeschichte mithilfe von Visionen und teilweise fantastischen Symbolen. Es geht weniger um einen Umkehrruf für das Volk Israel, als vielmehr um Trost für den einzelnen Gläubigen, der unter Verfolgung treu zu Gott steht. Auch wenn der Zeitpunkt der Entstehung des Buchs oft diskutiert worden ist, gibt das Buch bewusste Hinweise darauf – große Teile sind im „ich"-Stil verfasst –, dass Daniel selbst der Autor ist. In Kapitel 2 beschreibt (2,31-35) und deutet (V. 38-45) Daniel einen Traum des Königs Nebukadnezar von einem großen Standbild. Die vier Teile des Standbilds bestehen aus unterschiedlichen Materialien und stehen für vier Königreiche.

2,34. **Während du noch schautest, löste sich plötzlich ohne menschliches Zutun ein Stein von einem Berg. Er traf die Füße aus Eisen und Ton und zermalmte sie.** Bereits bei der Auslegung von Jesaja 28,16 in Einheit 2 (vgl. auch Ps 118,22) wurde deutlich, dass der **Stein** ein Symbol für Gott (vgl. Jes 8,14; 26,4; 1 Mo 32) und seinen Messias sein kann. Der Stein kommt **ohne menschliches Zutun** ins Spiel; nicht ein mächtiger Mensch, sondern (so sollte man vermuten) Gott übernimmt hier die Herrschaft. Dieser Stein knüpft nicht an das zu seiner Zeit bestehende Reich an, sondern **zermalmt** es (vgl. Mt 21,44; Lk 20,18). Er zerstört die Herrschaftsansprüche der Menschen übereinander und beendet das Leid, das oftmals damit verbunden ist.

V. 35. **Die ganze Statue brach in sich zusammen; Ton, Eisen, Bronze, Silber und Gold zerfielen zu Staub, den der Wind wegblies wie die Spreu vom Dreschplatz. Nichts war mehr davon zu sehen! Der Stein aber, der die Statue zertrümmert hatte, wuchs zu einem riesigen Berg und breitete sich über**

die ganze Erde aus. Hier sind die vier Materialien der Statue genannt, welche die vier Reiche symbolisieren. **Gold** steht für Nebukadnezar bzw. Babylon (V. 38), die anderen Teile werden hier nicht gedeutet. Von Kapitel 8,20f her könnte man dem **Silber** Medo-Persien und der **Bronze** Griechenland zuordnen. Das vierte Reich aus **Ton** und **Eisen** – eine zerbrechliche Konstellation (2,41-43) – wird vom jüdischen Geschichtsschreiber Josephus (ca. 37–100 n. Chr.) und vielen kirchlichen Auslegern auf Rom gedeutet. Wie dem auch sei, plötzlich und radikal bricht alles zusammen. Scheinbar unvergängliche Wertanlagen, schwergewichtig, werden vom Wind wie die leichtesten Bestandteile des Weizens davongetragen. Nichts bleibt mehr vom menschlichen Herrschaftsgebäude. Der Stein **wuchs** wie ein dynamischer Organismus, nicht begrenzt auf Babylon oder Israel, sondern **über die ganze Erde.**

V. 44f. Noch während die Könige dieses Reiches an der Macht sind, wird der Gott des Himmels sein Reich aufbauen, das nie zugrundegeht. Kein anderes Volk kann ihm jemals die Herrschaft streitig machen. Ja, es bringt alle anderen Reiche zum Verschwinden und wird selbst für immer fortbestehen. Das, mein König, war der Stein, der ohne menschliches Zutun losbrach und die Statue aus Ton, Eisen, Bronze, Silber und Gold zertrümmerte. Ein mächtiger Gott hat dich in die Zukunft sehen lassen. Ich habe dir deinen Traum genau beschrieben, und meine Deutung trifft zu. Die Vermutung bestätigt sich, dass es Gott ist, der den Stein ins Rollen bringt. Daniel deutet den Stein als Symbol für das **Reich** des **Gottes des Himmels.** Jesus bezieht sich auf diese Formulierung, wenn er seine Person ähnlich wie den Stein als Verkörperung dieses Reiches deutet: „Wenn ich aber die Dämonen durch Gottes Macht austreibe, so beginnt Gottes neue Welt jetzt – mitten unter euch!“ (Lk 11,20; vgl. 17,21).

7,13. Doch ich sah noch mehr in meiner Vision: Mit den Wolken am Himmel kam einer, der aussah wie ein Mensch. Man führte ihn zu dem alten Mann. Kapitel 7 beschreibt einen Traum Daniels von vier Tieren, die möglicherweise parallel zu den Materialien für Babylon (Löwe), Medo-Persien (Bär), Griechenland (Leopard) und Rom (furchtbares Tier) stehen. Allerdings fällt das vierte Tier aus der Reihe und erscheint stark antigöttlich. Das elfte seiner „Hörner“ symbolisiert den endzeitlichen Herrscher, der in der kirchlichen Tradition als „Antichrist“ bezeichnet wird. Doch so furchterregend diese Reiche und Mächtigen auch sein mögen, ab V. 9 richtet sich der Blick auf einen **alten Mann,** gemeint ist hier Gott, der über diese Mächte zu Gericht sitzt. Ihre Entmachtung ist jedoch nicht das Ende des Traums. Daniel sieht weiter: **einen, der aussah wie ein Mensch,** genauer „Menschensohn“. Gewöhnlich bezeichnet dieser Ausdruck einen Menschen und betont oft dessen Gefallenheit. Gerade hinsichtlich der Gefallenheit kann von Bedeutung sein, dass die Gestalt nur ***wie* ein Menschensohn** erscheint. Denn die Gestalt wird hier ausschließlich positiv dargestellt. Durch ihre Herkunft **mit den Wolken am Himmel** ist sie stärker Gott als den Menschen zugeordnet. Mit keiner anderen Gestalt des Alten Testaments tun sich die Ausleger so schwer wie mit dem „Menschensohn“. Steht er für Gott selbst? Für ein himmlisches Wesen wie der Engel Michael? Parallel zu dem „Menschensohn“ in V. 13f steht in V. 18 und V. 27 das „heilige Volk Gottes“. Der „Menschensohn“ erscheint hier als Repräsentant der Gruppe wahrer Gläubiger.

V. 14. ... der ihm Macht, Ehre und königliche Würde verlieh. Die Menschen aller Länder, Völker und Sprachen dienten ihm. Für immer und ewig wird er herrschen, sein Reich wird niemals zerstört! Gott verleiht dem Menschensohn die Macht über alle Völker. Diese ewig andauernde Herrschaft ist das Reich des Gottes des Himmels aus Daniel 2. Während der „Messias“-Titel den König Israels krönt, ist der „Menschensohn“-Titel dem Weltherrscher verliehen. Umso erstaunlicher ist es, dass Jesus keine andere Bezeichnung in den Evangelien häufiger für sich selbst verwendet als „Menschensohn“, mit deutlichem Bezug auf Daniel 7. Der Menschensohn ist bei Jesus zugleich Repräsentant der Menschen vor Gott und Repräsentant Gottes unter den Menschen – Letzteres etwa, wenn er die Macht hat, Sünden zu vergeben (Mk 2,10). Als der Hohepriester nach dem Messias fragt: „Bist du Christus, der Sohn Gottes?“, antwortet Jesus: „Ja, der bin ich“ und erweitert die Erwartung: „Ihr werdet den Menschensohn an der rechten Seite Gottes sitzen (vgl. Ps 110,1) und auf den Wolken des Himmels kommen sehen“ (Mk 14,62). Jesus wirkt zu Zeiten seines irdischen Lebens als verborgener Messias mit Konzentration auf Israel. Nach seiner Erhöhung durch Gott wird er jedoch als der glorreiche Menschensohn und Herrscher der ganzen Welt aus Daniel 7 erscheinen.

9,24. Siebzig mal sieben Jahre müssen vergehen, bis Gott seine Absicht mit deinem Volk und mit der heiligen Stadt erreicht hat: Zu dieser Zeit bereitet er der Auflehnung gegen ihn ein Ende, die Macht der Sünde wird gebrochen, und die Schuld ist gesühnt. Dann werden Menschen für immer vor Gott bestehen können, die Visionen und Voraussagen der Propheten erfüllen sich, und das Allerheiligste im Tempel wird wieder neu geweiht. Wörtl.: „siebzig Wochen“. – Eine Woche ist hier wahrscheinlich als Jahrwoche (7 Jahre) zu verstehen. Gott spricht durch Träume zu Heiden (Daniel 2), zu Daniel (Daniel 7) und nun durch seinen Engel Gabriel zu Daniel im Gebet (Daniel 9,20-23). Dieser Vers gibt einen Überblick über Gottes Ziele für sein Volk bis zum Weltende. Die Zeit, die er dort hineininvestiert, ist 490 Jahre – siebzig mal sieben, diese Zahl symbolisiert Vollständigkeit.

Sechs Ziele nennt der Engel, drei beschäftigen sich mit der Vergangenheit, drei mit der Zukunft. (1) Gott beendet die **Auflehnung** des Menschen gegen ihn, (2) er bricht die **Macht der Sünde,** (3) er sühnt die **Schuld,** (4) er ermöglicht dem Menschen eine ewige Gerechtigkeit, sodass er **vor Gott bestehen** kann, (5) er erfüllt die **Voraussagen der Propheten** und (6) salbt – von diesem Verb stammt das Substantiv „Messias" – das **Allerheiligste** im Tempel neu. Aus neutestamentlicher Perspektive erfüllt Gott diese Absichten durch Jesus Christus am Kreuz von Golgatha, vollends dann bei seiner Wiederkunft. Lediglich das letztgenannte Ziel bleibt unscharf. Einerseits wird im Jahr 516 v. Chr. tatsächlich ein zweiter Tempel eingeweiht, andererseits kann sich Jesus selbst als Tempel bezeichnen (Joh 2,21; Mt 12,6). Da seine „Salbung" für die ersten fünf Ziele ausschlaggebend ist, muss hier wohl mit einer übertragenen Erfüllung in Jesus selbst zu rechnen sein. Im Folgenden geht der Engel Gabriel auf die Details des Planes ein, wobei auch hier manches doppeldeutig und nicht leicht verständlich bleibt. Martin Luther bemerkt zu den zeitgeschichtlichen Bezügen vor allem in Kapitel 11: Daniel „menget den Edlen [gemeint ist der griechische Herrscher Antiochus IV., der im Jahr 167 v. Chr. den Tempel entweiht] und Antichrist untereinander und verwirret also williglich seine hellen, lichten Worte". Zu Teilen blickt Daniel in die Zeit des Aufstands der sogenannten Makkabäer gegen die griechische Besatzung in Juda (171–164 v. Chr.), zu Teilen auch deutlich darüber hinaus. Es scheint, dass Daniel 9 deutlich darüber hinaus weist.

V. 25. Nun hör gut zu, damit du meine Worte verstehst: Zwischen dem Befehl, Jerusalem wieder aufzubauen, und dem Auftreten eines von Gott erwählten Herrschers liegen sieben mal sieben Jahre. In V. 2 berichtet Daniel, wie er in den heiligen Schriften nach Hinweisen auf eine Wiederherstellung Jerusalems sucht: „Ich las dort, wie der Herr dem Propheten Jeremia ankündigte, dass Jerusalem siebzig Jahre in Trümmern liegen würde." Diese Ankündigung erging im Jahr 605 v. Chr. (Jer 25,12). Im Jahr 597 v. Chr. wiederholt Jeremia diese Ankündigung (Jer 29,10). Von einem Wiederaufbau **Jerusalems** redet Jeremia jedoch erst im Jahr 588/7 v. Chr., also kurz vor der Zerstörung des Tempels (586 v. Chr.): „Aus den Ruinen wird Jerusalem wiederaufgebaut, und der Königspalast wird an seiner alten Stelle stehen" (Jer 30,18). Sieben mal sieben Jahre, also 49 Jahre später, im Jahr 539/8 ruft der persische König Kyrus die Juden auf, in Jerusalem den Tempel wieder zu errichten. Bereits der Prophet Jesaja bezeichnet Kyrus als „Gesalbten", also „Messias" (Jes 45,1). Dieser Begriff findet sich auch hier in Daniel 9,25, freier übersetzt als **von Gott erwählter Herrscher**: „Zu König Kyrus sage ich: ‚Du bist der Hirte für mein Volk!' Er wird alles ausführen, was ich ihm befehle. In meinem Auftrag wird er anordnen: ‚Jerusalem soll wieder aufgebaut werden! Auch der Tempel soll wieder an seinem alten Platz stehen!'" (Jes 44,28). Andere Ausleger beziehen den **Befehl** in Daniel 9,25 auf den Aufruf durch Kyrus, rechnen also erst von 539/8 ab und suchen den „Gesalbten" unter den Rückgekehrten.

Zweiundsechzig mal sieben Jahre lang werden in Jerusalem Straßen und Befestigungsgräben gebaut, doch es wird eine Zeit großer Bedrängnis sein. Der Engel redet von einer zweiten Zeitperiode, 434 Jahre. Es wird eine harte Zeit für Jerusalem sein. Man könnte hinter dem **gebaut** ein „sein" ergänzen: Es scheint nicht eine 434-jährige Bauzeit zu sein, sondern die Zeitperiode, während der Jerusalem wieder aufgebaut ist. Die Zeit muss sich nicht direkt an das Jahr 539/8 anschließen. Nehemia kehrt erst im Jahr 445/4 zum Zweck des Mauerbaus nach Jerusalem zurück (Neh 2). Die Stadt wird also etwa im Jahr 440 v. Chr. wiederaufgebaut sein.

V. 26. Nach den zweiundsechzig mal sieben Jahren wird ein von Gott Auserwählter hingerichtet, ohne dass er irgendwo Hilfe findet. Dann zerstört das Heer eines fremden Machthabers die Stadt und den Tempel wie eine reißende Flut. Bis zum Ende herrschen Krieg und Verwüstung, denn so hat es Gott beschlossen. Der zweite **Auserwählte,** wörtlich ebenso „Gesalbter", „Messias", erscheint nach 434 Jahren und wird (möglicherweise wenig später) hingerichtet. Bei der oben angedeuteten Datierung würde das Ende der Zeitperiode auf 6 v. Chr., also das Geburtsjahr von Jesus deuten. Die Zerstörung von Jerusalem und Tempel findet im Jahr 70 n. Chr. statt. Der **Machthaber** ist der römische Imperator Titus. Das Bild einer **reißenden Flut** erinnert an Jesaja 10,22: „Wie eine Sturmflut wird seine gerechte Strafe euch überrollen." Danach wird die Geschichte weitergehen, allerdings als eine leidvolle Geschichte. Eine alternative Auslegung deutet den zweiten „Messias" auf den Hohepriester Onasis III., dessen Ermordung im Jahr 171 v. Chr. eine leidvolle Zeit einleitet. In diesem Fall müsste man jedoch wohl von einer rein symbolischen Bedeutung der „Jahrwochen" ausgehen.

V. 27. Der Machthaber wird vielen Menschen einen Bund aufzwingen, der sieben Jahre lang gelten wird. Nach der Hälfte dieser Zeit verbietet er den Opferdienst am Tempel und stellt dort eine abscheuliche Götzenstatue auf. Doch auch dieser grausame Herrscher wird untergehen, denn Gott hat sein Urteil über ihn gesprochen. Es gibt verschiedene Deutungen für die siebenjährige Zeit des **grausamen Herrschers.** Wer den zweiten Messias auf Onasis III. deutet, wird hier die Schreckensherrschaft des griechischen Herrschers Antiochos IV. Epiphanes im Blick haben und von 171 bis 164 v. Chr. rechnen. **Nach der Hälfte dieser Zeit** (167 v. Chr.) weiht er den Jerusalemer Tempel dem Zeus. Wer in dem Machthaber Titus sieht, berechnet die sieben Jahre von 66–73 n. Chr., die Zeit des jüdisch-römischen Kriegs. Jesus selbst deutet Daniel 9,27 auf die Zukunft und greift die Verse in seiner Endzeitrede auf: „Der Prophet Daniel redet von einer ‚abscheulichen Götzenstatue'. Versucht zu verstehen, was das Geschriebene bedeutet. Wenn ihr diese Götzenstatue im Tempel stehen seht, dann sollen alle Bewohner Judäas ins Gebirge fliehen" (Mt 24,15f). Es ist gut möglich, dass er hier auch an eine Erfüllung im Jahr 70 n. Chr. denkt. Andere christliche Ausleger denken an einen „Antichristen", welcher am Ende der Zeit auftreten wird (vgl. Offb 13,5).

Datum	*Zeitspanne*	*Beleg*	*Ereignis*
605 v. Chr.*	70 Jahre	Dan 9,2	„Land wird zu Trümmerfeld“ (Jer 25,12)
605 v. Chr.			Erste Belagerung Jerusalems (Dan 1,1-7)
597 v. Chr.*			„bringe euch wieder ins Land“ (Jer 29,10)
597 v. Chr.			1. Wegführung ins Exil (2 Kön 24,10-17)
588/7 v. Chr. *	49 Jahre (7 JW)	Dan 9,25	**Befehl, Jerusalem wieder aufzubauen** „wird Jerusalem aufgebaut“ (Jer 30,18)
586 v. Chr.			Zerstörung des Tempels (2 Kön 25,8-21)
539/8 v. Chr.			**Erster Messias tritt auf** Gott „bewegte Kyrus“ (Esra 1,1-4), „mein Hirte“, „Gesalbter“ (Jes 44,28f)
538 v. Chr.	Ende 70 J.?	Jer 25,11	Erste Rückführung unter Serubbabel
516 v. Chr.	Ende 70 J.	Jer 30,18	Vollendung des Tempelbaus (Esra 6,15)
457 v. Chr.			2. Rückführung unter Esra (Esra 7,1-10)
444 v. Chr.			Nehemias 1. Besuch Jerusalems (Neh 2)
ca. **440 v. Chr.**	434 Jahre (62 JW)	Dan 9,25	**Jerusalems Straßen sind gebaut** vgl. Neh 6,15: 445 v. Chr.: Mauer fertig
ca. **6 v. Chr.**			Geburt von Jesus Christus
ca. 30 n. Chr.	„danach“	Dan 9,26	**Zweiter Messias wird hingerichtet**
70 n. Chr.	„dann“		**Zerstörung von Stadt und Tempel** Der „fremde Machthaber“ ist der römische Imperator Titus
„bis zum Ende“			**Krieg und Verwüstung**

*Datum der Verheißung durch Jeremia

Die siebzig Jahrwochen aus Daniel 9,24-27 in ihrem zeitgeschichtlichen Zusammenhang orientiert an Gerhard Maier, *Der Prophet Daniel.* Wuppertaler Studienbibel. 4. Auflage, Wuppertal: R. Brockhaus, 1993, S. 354.

„JW“ = Jahrwoche, d. h. Zeitspanne von sieben Jahren.

7 Jahre	***Abscheuliche Götzenstatue im Tempel*** „... Bund aufzwingen, der sieben Jahre lang gelten wird. Nach der Hälfte dieser Zeit verbietet er den Opferdienst am Tempel und stellt dort eine abscheuliche Götzenstatue auf“ (Dan 9,27).
171–164 v. Chr.	***1. Zeit der Makkabäer*** 171 v. Chr.: Der Priester Onias III. wird getötet (2 Makk 4,30-38). 167 v. Chr.: Antiochos IV. entweiht den Tempel (1 Makk 1,57). 164 v. Chr.: Judas Makkabäus weiht den Tempel (1 Makk 4,36-61).
66–73 n. Chr.	***2. Römisch-jüdischer Krieg*** 70 n. Chr.: Titus zerstört den Tempel. „Wenn ihr diese Götzenstatue im Tempel stehen seht ...“ (Mt 24,15-22).
?	***3. Zeit des „Tieres“*** *(sog. „Antichrist“)* „er wird sich in den Tempel Gottes setzen und sich selbst als Gott verehren lassen“ (2 Thess 2,3f; Offb 13,5).

Daniel 9,27. Es sind drei Zeitpunkte nach der Rückkehr aus dem Exil bekannt, zu denen der Tempeldienst unterbrochen wird.

Verzeichnis der Bibelstellen

Notizen

Notizen

Tim Dowley

Brunnen Bibelatlas

32 Seiten
ISBN 978-3-7655-6199-3

Auf 32 Seiten bieten detailgenaue Reliefkarten einen Überblick über die Geografie der Bibel: Ereignisse, Orte, Reiserouten, Grenzen von Ländern und Stammesgebieten sind in den Karten verzeichnet. Der kompakte „BRUNNEN Bibelatlas“ – nun völlig überarbeitet und im neuen Design.

Gordon D. Fee und
Douglas Stuart

Effektives Bibelstudium

Die Bibel verstehen und auslegen

384 Seiten, gebunden
ISBN 978-3-7655-0602-4

„Die Bibel – ein Buch mit sieben Siegeln? Dieses altbekannte Vorurteil wird auf jeder Seite dieses Buches widerlegt. Bibellesen wird spannend, wenn man die Texte richtig versteht und weiß, wie sie auszulegen und anzuwenden sind. Was hat der Text seinen ursprünglichen Lesern gesagt? Und was bedeutet er für uns heute? Um diese zwei Fragen zu beantworten, muss man wissen, was für einen Text man vor sich hat: Ein Gedicht ist kein historischer Bericht, und ein historischer Bericht ist kein für alle Zeiten verbindlicher Gesetzestext. Evangelien, Gleichnisse, Offenbarung – ‚Effektives Bibelstudium' stellt die verschiedenen Textgattungen der Bibel vor und zeigt anschaulich, wie sie zu verstehen sind. Das Buch, das man braucht, um die ‚sieben Siegel' der Bibel zu brechen – damit Bibellesen Freude bringt und nicht in die Irre führt."

Otto Ziegelmeier auf theology.de

N.T. Wright: Bibelkommentare *für heute*

Die Bibel, erklärt und ausgelegt von N.T. Wright. Intelligent, aber nicht hochgestochen. Eingängig, aber nicht zu simpel. Die einzelnen Bibelabschnitte werden verständlich vor dem Hintergrund dessen, was wir heute über Jesus und seine Zeit wissen. Und sie werden lebendig für das Leben mit Jesus heute.

N. T. Wright ist international einer der einflussreichsten Theologen der Gegenwart. Und er kann sich so klar ausdrücken, dass ihn jeder Leser verstehen kann. Inzwischen hat er alle 27 Bücher des Neuen Testaments kommentiert. Wer sich selbstständig mit der Bibel und ihrer praktischen Relevanz „für heute“ befassen will, ist hier an der richtigen Adresse.

Prof. Dr. Armin Baum, Freie Theologische Hochschule Gießen

Weitere Informationen auf
www.brunnen-verlag.de